Carl Albrecht Bernoulli

Nietzsche und die Schweiz

Verlag
der
Wissenschaften

Carl Albrecht Bernoulli

Nietzsche und die Schweiz

ISBN/EAN: 9783957003799

Auflage: 1

Erscheinungsjahr: 2015

Erscheinungsort: Norderstedt, Deutschland

Hergestellt in Europa, USA, Kanada, Australien, Japan
Verlag der Wissenschaften in Hansebooks GmbH, Norderstedt

Die Schweiz
im deutschen Geistesleben

Eine Sammlung von Darstellungen
und Texten, herausgegeben von
Harry Maync (Bern)

Fünftes Bändchen

CARL ALBRECHT BERNOULLI

Nietzsche und die Schweiz

H. HAESSEL VERLAG
LEIPZIG 1922

Inhalt

Die Losung, die unsre Sammlung zu verwirklichen
wünscht, hat an Friedrich Nietzsche eine außer=
ordentliche Anwendung gefunden. Nicht nur der Gedanke,
auch der zutreffendste Ausbruck des Gedankens stammt
von ihm. „Kühnheit nach innen und Bescheidung nach
außen, nach allem ‚Außen‘ — eine deutsche Vereinigung
von Tugenden, wie man ehemals glaubte, — habe ich
bisher am schönsten bei schweizerischen Künstlern und
Gelehrten gefunden: in der Schweiz, wo mir bis jetzt
überhaupt alle deutschen Eigenschaften bei weitem reich=
licher, weil bei weitem geschützter, aufzuwachsen schei=
nen als im Deutschland der Gegenwart. Und welchen
Dichter hätte Deutschland dem Schweizer Gottfried Kel=
ler entgegenzustellen? Hat es einen ähnlichen wege=
suchenden Maler wie Böcklin? Einen ähnlichen weisen
Wissenden wie Jakob Burckhardt? Tut die große Be=
rühmtheit des Naturforschers Haeckel der größeren
Ruhmwürdigkeit Rütimeyers irgendwelchen Eintrag?
— um eine Reihe guter Namen nur zu beginnen. Im=
mer noch wachsen dort Alpen= und Alpentalpflanzen
des Geistes, und wie man zur Zeit des jungen Goethe
sich aus der Schweiz selbst seine hohen deutschen An=
triebe holte, wie Voltaire, Gibbon und Byron dort
ihren übernationalen Empfindungen nachzuhängen lern=

ten, so ist auch jetzt eine zeitweilige Verschweizerung
ein ratsames Mittel, um ein wenig über die deutsche
Augenblicklichkeitswirtschaft hinauszublicken." Es geht
aus diesen Worten hervor, daß Nietzsche jedem bedeutenden Landsmann wünschte, es möchte dank biogra-
phischer Verumständungen seinem Namen als Ergän-
zung und Ausgleich beigefügt werden können: „— und
die Schweiz!" Wie sollte man da Bedenken tragen, ihn
selber, sein Werk und sein Leben, unter eben diesem
Zeichen zu verstehen?

Gerade Verständnis tut ihm noch heute not, nachdem in einem wahren Unverstande früher Ruhm und
blinde Vergötterung sich seiner bemächtigt haben. Noch
hat die Zeit die irdischen Spuren seiner Schritte keineswegs zugewischt. Er hätte heute das achtzigste Le-
bensjahr noch nicht erreicht. Manche, die ihn jung
kannten, Verwandte, Freunde, Schüler, leben und erinnern sich seiner. Die meisten dürfte noch die schweizerische Stadt vereinigen, die länger als irgendein an-
derer Ort ihm zum Aufenthaltsorte diente. Indessen
Anhänger, Jünger sind diese Überlebenden nicht. Erst
aus dem Genusse seiner Schriften erwachsen ihm wirkliche Versteher. Erst uns erschließt sich der Einblick in
sein Wesen.

Er ist durch kein entscheidendes Erlebnis hindurchge-
gangen, das er nicht auch in der Schweiz erlebte. Die
schlechthin einmaligen Betonungen seines Schicksals sind
ihm entweder auf dem Boden der Eidgenossenschaft
zugestoßen, oder er trug sie in frischer Empfängnis
noch sehrend und unvernarbt, wenn er ihn wiederbetrat,
mit sich herum. Das Leiden, dem er seine Erkenntnis

6

dankt, sah einheitlich nur die Schweiz. In Deutsch=
land hätte er den Süden mit dem Glanze seiner Lust
und Unschuld, in Italien und Südfrankreich den Nebel
des Denkens und Brütens nicht erlebt. Nur dieses bei=
des in Wechsel und Zwietracht erklärt sein Werk ganz.
Die Schweiz, hierin einzig, gab ihm beides.

Seine schöpferische Zeit erstreckt sich auf knapp zwei
Jahrzehnte. Das drittletzte und vorletzte des neunzehn=
ten Jahrhunderts. Darunter kaum ein Jahr, von
dem er nicht mindestens einen Teil, das eine und an=
dere ganz in der Schweiz zubrachte. Dessen kann sich
kein anderes Land rühmen.

Auch in geographischer Hinsicht belegen seine Schwei=
zer Aufenthalte seinen Lebensverlauf planmäßig, wenn
auch in keiner Weise vorbedacht. In gleichen Schalen
halten sich das Basler Lehramt und die Silser Som=
mer die Wage. Erst der nordwestliche, dann der süd=
östliche Grenzpunkt in unerbittlichem Schrägstrich über
das gesamte Gebiet weg!

Das scheint auf Uneinheitlichkeit zu deuten. Und
doch sind die Widersprüche, die Klügler korbweise bei
ihm herunterschütteln, auswechselnde Spielarten, in
deren Fülle sich sein Wesen rundet. Nein gar nichts
fällt bei Nietzsche aus der einmal offenbarten Art. Mag
die Haut täuschen und schillern, die Haut selber hat er
nie gewechselt. Seine Ausdrucksweise, seinen Tonfall
hält er durch alle zwanzig Bände mit ein und der=
selben Sprachkunst aus. Und wie die Äußerungsweise
ist auch der Inhalt in seinem sich verbreiternden, durch
empfangene Zuflüsse gesteigerten Ablauf nirgendwo un=
terbrochen.

Und doch ist ein dämonisch Fremdes, das sein Wesentliches angefallen hat und das er nicht abzuschütteln vermochte, für sein Bild bestimmend geworden. Die großen Anpreisungen des Willens zur Macht und des Übermenschen durchkreuzen seinen Kampf gegen den theoretischen Menschen, und die frohe Ursprungsbotschaft von einem dionysischen Lebensreiche wird tatsächlich durch das Aufgebot unerhörter Willensanstrengungen im Dienste einer Gewaltsvernunft wieder in Frage gestellt. Im Hinblick auf dieses entstellend Fremde wird seine eigene Ahnung verständlich, aus der heraus er sich als ein Verhängnis bezeichnete.

Wir halten uns an seine Kampfansage gegen den Geist und an seine erste große Leistung, die Verkündigung des Dionysos. Sie verfolgen wir durch die neunzehn Jahre, da er als Sendling griechischer Weisheit die Schweiz betrat und unter der Wucht des Wahns zerbrechend sie verließ.

Mit dieser Beschränkung unseres Nietzschebildes auf einzelne deutlich umrissene Gesichtspunkte, unter denen wir allein es anschauen, greifen wir die neuesten Forschungen dankbar auf, die mit der üblichen Gepflogenheit, in ihm einen unausgeschlüpften, mit den Eierschalen des Denkers behafteten Dichter zu sehen, endgültig gebrochen haben*). Am eindringlichsten hatte diese nun veraltete Anschauung, anknüpfend an ein

---

*) Es handelt sich um die metaphysische Nietzscheauffassung von Dr. Ludwig Klages und die mehrbändige französische Nietzschebiographie des Professors für deutsche Literatur an der Universität Paris, Dr. Charles Andler.

bekanntes Nietzschewort aus seiner Selbstkritik zu der
Geburt der Tragödie, Stefan George vertreten:

> Und wenn die strenge und gequälte Stimme
> Dann wie ein Loblied tönt in blaue Nacht
> Und helle Flut — so klagt: sie hätte singen,
> Nicht reden sollen, diese neue Seele.

So, als verkappten, verkannten Dichter, hatte sich
Nietzsche selbst aufgefaßt: „Wie schade, daß ich, was
ich damals zu sagen hatte, es nicht als Dichter zu
sagen wagte; ich hätte es vielleicht gekonnt!" Ihn selber so gesehen zu haben, erkennen wir heute als Irrtum.

Die Wahrheit ist vielmehr, daß Nietzsche Denker ist,
scharfer, diskursiver Denker und Dialektiker, aber eben
bis in Gebiete hinein und in Tiefen hinunter, in denen
die Begriffssprache der Sachlichkeit und Gegenständlichkeit ungehört verhallt und wo anderes als Bilder und
etwa noch ein ausgestoßener Lyrismus die erfaßten,
in der Dämmerung ertasteten Funde nicht zu bezeichnen vermögen. Nietzsche ist nicht nur ein ganz großer,
sondern überhaupt der einzige Psychologe, der die Pfade
zur Seelenfindung wirklich schreitet. Seine aphoristische Darstellung darf uns nicht darüber täuschen, daß
er ein einheitliches und umfassendes System der Welterklärung aufgestellt hat. In dessen Mitte erstrahlt
der Begriff des Lebens — und da es eben etwas Unfaßbares und Unbegreifliches ist, was der Denker auf
den Schild erhebt, so nennt er es mit einem Bild und
nennt es Dionysos. Darüber wird ausführlich zu
handeln sein. Die eigentliche Hauptlehre Nietzsches sind
seine Untersuchungen über die menschlichen Gefühle.

Sie, nämlich unsere Gefühlswelt, und nicht irgendeine
Art theoretischer Erkenntnis bedeutet ihm den Zugang
zum Absoluten, wenn in seiner Redeart eine solche Be=
zeichnung überhaupt heimisch wäre. Das Subjektive
läuft in seinem Reich dem bis anhin sogenannt Ob=
jektiven den Rang ab, entthront es und teilt völlig
neue Würden und Gnaden aus. Zweifelsohne führt das
zu einem tüchtigen Mystizismus, jedoch einem solchen,
dem niemals seine rückwärtigen Verbindungen mit dem
souveränen geistesstolzen Denken abhanden kommen.

In diesem Sinne gedenken wir Nietzsche anzuschauen
— den in der Schweiz heimisch gewordenen Fremden
— den „Gast der Gäste“.

I. Die erste Basler Zeit (1869—1876)

Nietzsche kam in die Schweiz als Professor der alten
Sprachen. Allein schon diese Lebensstellung rückte,
wenn sie auch nicht wie in den Großstaaten den poli=
tischen Eintritt in die Staatsangehörigkeit zur Folge
hatte, einer Einbürgerung schon recht nahe. Doch be=
stand bei Nietzsche nicht — und in dieser äußerlichen
und engen Beziehung überhaupt nie — ein Hang,
Schweizer zu werden. Davon hielt ihn einmal ab sein
angeborener und durch den damaligen Aufschwung
Deutschlands erst recht anerzogener Blick ins Große,
der ihn bewog, kleine, wenn auch historisch interessante
und in mancher Hinsicht kulturgesegnete Verhältnisse,
wie er sie in der Schweiz antraf, nicht eigentlich ernst
zu nehmen. Noch mehr aber brachte er einen stillen
Widerwillen mit gegen die demokratische Staatsver=

faſſung nicht allein, ſondern mehr noch gegen den libe=
ralen Anſtrich, mit dem ſie durch die Zeitläufte eben
aufgefriſcht wurde. Der junge Gelehrte brachte nach
Baſel bereits heimliche Kulturanſchauungen mit, die
ſich mit dem allgemeinen Stimmrecht und dem Glau=
ben an die Weisheit des ſouveränen Volkes nur ſchlecht
vertrugen.

Wie natürlich ſchloß er ſich in ſeinem neuen
Wirkungskreiſe namentlich an Profeſſoren an, dar=
unter an einen um ſieben Jahre älteren Deutſchen,
den Theologieprofeſſor Franz Overbeck, mit dem er
beinahe fünf Jahre zuſammen wohnte. Der ſpätere
Briefwechſel dieſer beiden ſtellt eine der wichtigſten
Quellen zur Nietzſchebiographie dar. Nachdem dieſe
Briefe umſtändehalber lange Jahre auf ſich warten
laſſen mußten und als letzte im reichen Kranze der
Briefſammlungen erſchienen, wachſen ſie ſich allmählich
in die angefüllte Stoffmaſſe, die der gliedernden Ord=
nung noch vielerorts entbehrte, als feſtigendes Rück=
grat ein. Es handelt ſich in der Hauptſache um Briefe
mit ſchweizeriſchem Erfüllungsort. Zuerſt benahm und
äußerte ſich Nietzſche noch etwas ſehr herkömmlich und
gewunden, ſchrieb gezwungen geiſtreich — mit Wort=
ſpielen und gelehrtem Zierat — ſo bei der Briefanrede:
„o hercole ga—“, die den Herausgebern mythologi=
ſches Kopfzerbrechen abnötigte, während es doch nur
„O Herr Kollega!“ umſchrieb. Er erhebt ſich aber
dann namentlich im zweiten Jahrzehnt zu einer oft
aufregenden Höhe der Unmittelbarkeit, die man in den
Zuſchriften an andere Vertraute vergebens ſucht.

Nietzſche war, wie ſich nun immer mehr heraus=

stellt, schon mit genialen Gedanken nach Basel gekommen, deren Ursprung seine Begeisterung für Schopenhauer nicht von ferne erklärt. Er trug eine wahre Metaphysik in sich, die sich in der Vergangenheit am ehesten an die deutsche Griechensehnsucht, und zwar mehr die romantische als die klassizistisch-schillersche, so mächtig diese auch auf den Zögling der Schulpforte gewirkt hatte, verlor. Zur Beurteilung seiner späteren Gegnerschaft gegen das Christentum bedenkt man zu wenig jenes unschuldige, knabenhafte Heidentum, das die letzten kirchlichen Gefühle des Konfirmanden und Pfarrerssohnes eben im Schüler schon naturhaft überwuchs und jenen keinen inneren Lebensboden mehr übrig ließ. Lange Zeit nahm doch das Christentum gar keinen Raum mehr im Denken des jungen Nietzsche ein — er dachte nicht mehr daran. Und als die Polemik anhob, blieb sie bei allen peinlichen Hieben doch noch sachlich, d. h. er erweiterte nicht seine einzelnen Einwände zu einem zentralen Ansturm auf Leben und Tod, wie dann seit dem Zarathustra.

Die philosophische Genialität Nietzsches während seiner ersten Schriften, der Geburt der Tragödie und den Unzeitgemäßen Betrachtungen, läßt sich am besten an der gefährlichen Gegnerschaft ermessen, die sie heute, fünfzig Jahre nach ihrer Entstehung, für die beiden hauptsächlichen wissenschaftlichen Zeitströmungen darstellt. Nicht zu vergessen die positive Grundlage, die er damals anzulegen verstand, um im Sinne einer zentralen Lebenswissenschaft heute an die Begründung einer selbständigen Metaphysik denken zu können, worüber ebenfalls noch des näheren zu reden sein wird.

Legen wir zunächst diese dreifache noch oder wieder lebendige Beziehung Nietzsches zu den heutigen Tendenzen der Universitätswissenschaft dar, so können wir drei bedeutende, damals in Basel wirkende Schweizer Gelehrte nennen, die dem um ein Menschenalter jüngeren Kollegen den betreffenden Zugang zur Welterklärung öffneten und ihm die entsprechende, von ihm im stillen bereits angezweifelte Wissenschaft in überragender Weise verkörperten.

Die eine dieser Strömungen ist der Historismus — damals umfassend vertreten durch Jakob Burckhardt.

Die zweite dieser Strömungen ist der Biologismus — ihr mächtiger Verfechter damals Ludwig Rütimeyer.

Und das dritte, das uns ermächtigt, an eine Förderung mystischer Eingebungen von seiten der von ihm betriebenen mythologischen Studien zu denken, ist der Eindruck, den er von dem Basler Erforscher des antiken Muttertums Johann Jakob Bachofen aus dessen beiden Hauptwerken davongetragen hat.

Hüten wir uns jedoch, bei Nietzsche gleich von Einflüssen zu reden, es sind vielmehr Gelegenheiten, die er wahrnimmt, um sich zurecht zu finden für Einsichten, die er in diesen Anfangszeiten rätselhaft an den Stand der öffentlichen Forschung heranbringt:

1. Jakob Burckhardt und der Historismus.

Fünfundzwanzig Jahre älter als Nietzsche, stand Jakob Burckhardt auf der Höhe seiner entfalteten Kräfte, als dieser die ihm sich bietende Gelegenheit, sein Kol-

lege und Schüler zu sein, eifrig nutzte. Doch hat Burck=
hardt jedenfalls in der Zeit der ersten Bekanntschaft
seinerseits den Altersunterschied und den Vorrang des
Meisters vor dem Neophyten unwillkürlich vergessen
über der blendenden Begabung und der menschlichen
Echtheit, die ihm an dem blutjungen Vertreter für klas=
sische Philologie entgegentrat. Für die Bedeutung, die
Burckhardt für Nietzsche gewann, trifft wohl der Aus=
druck aus Nietzsches Umgebung ins Schwarze, wonach
Burckhardt als der „begabte Schüler Goethes" be=
zeichnet wird. Äußerlich betrachtet kam er ja vielleicht
eher von den Romantikern her mit seiner schwärme=
rischen Empfänglichkeit für Kunst und seinen innigen
Jugendfreundschaften. Aber in der ausgereiften Fülle
seines Wesens, in der er ihn sah, trat Nietzsche an einem
hervorragenden Universitätslehrer und deutschen Schrift=
steller zum erstenmal jene „Totalität" entgegen, die
er später für Goethe als wesentlichstes Merkmal sei=
ner Größe ausrief. Burckhardts antik=epikureische Ein=
stellung zur Welt, seine puritanische Art des Lebens=
genusses, seine Unvoreingenommenheit gegen den Gang
der irdischen Dinge (bei freilich großer Parteilichkeit
gegen augenblickliche Vorkommnisse, namentlich poli=
tische), seine fürstliche Beherrschung der geschichtlichen
Stoffmassen wie der sprachlichen Darstellung mußte
Nietzsche einen tiefen, bestimmenden Eindruck hinter=
lassen.

Und nun begab es sich, daß Nietzsche gerade jenes
zusammenfassende Kolleg unter den Zuhörern in sich
aufnahm, in dem Burckhardts Geist in einer gewal=
tigen Übersicht durch alle Zeiträume geschichtlichen Ge=

schehens dahinflog. Es ist jener Nachlaßband, der un=
ter dem Titel „Weltgeschichtliche Betrachtungen" heute
als die „Magna charta" des modernen Historismus
zu gelten hat und als solche noch auf lange hinaus in
unserer Kulturanschauung ihre Wirkung tun wird.
Nietzsches zweite Unzeitgemäße Betrachtung „Vom Nut=
zen und Nachteil der Historie für das Leben" mutet uns
wie eine Entgegnung, wie eine entschlossene Abwehr
jeder philosophischen Weltbetrachtung an, die sich nur
als eine Verflüchtigung des wissenschaftlichen Geschichts=
studiums in der Form einer allgemeinen Lebensan=
schauung darbietet. Gewiß fehlt es an Anzeichen, daß
es sich bei Nietzsche um eine bewußte Bekämpfung
Burckhardts gehandelt habe. Er würde sich vermutlich
gegen eine solche Unterstellung auch später, als Burck=
hardt sich von ihm zurückzog, lebhaft verwahrt haben.
Um so mehr als dieser mit äußerster Behutsamkeit die
Grenzen geschichtlichen Erkennens absteckte und eher zu
bescheiden als irgend anmaßend nicht nur von Recht
und Pflicht, sondern von dem hohen Bedürfnis geschicht=
licher Kontemplation sprach.

Dennoch gehn wir kaum fehl mit der Annahme, daß
Nietzsche sich durch den Umgang mit Burckhardt und
die Beschäftigung mit seiner geschichtlichen Weisheit
herausgefordert fühlte. Wie gesagt, durch den Reich=
tum empfangener Anregung und mitten im Danke da=
für ist er sich über den in ihm aufsteigenden Wider=
spruch kaum klar geworden. Er wird eher gemeint
haben, Verlockungen gefolgt zu sein und eine von Burck=
hardt ihm eröffnete Fährte selbständig fortzusetzen, als
er gleich diesem an der geschichtlichen Erfahrung „nicht

sowohl klug für ein andermal als weise für immer zu
werden trachtete". Und da handelte es sich bei ihm
nicht mehr bloß darum, dem Leitsatz „Historia vitae
magistra" einfach mit Burckhardt „einen höhern und
zugleich bescheideneren Sinn zu geben" — (die An=
führungen geben sämtlich Aussprüche Burckhardts wie=
der), — nein, Nietzsche nahm eben den Historismus
als solchen, nämlich das Vertrauen, daß aus einer ge=
schichtlichen Weltbetrachtung ohne weiteres Lebensstoff
anschließe, mit äußerstem Mißtrauen auf. Die Ablei=
tung von seelischer Förderung aus Beschäftigung mit
Geschichte erschien ihm zum mindesten tief zweifelhaft.
Mit stählerner Wahrhaftigkeit hat der damals noch
nicht Dreißigjährige an dem Problem von dem Wert
und Unwert der Geschichte in geschlossener Gedanken=
führung den Kern dahin ausgeschält, daß er feststellte:
Geschichtliche Erkenntnis ist gefährlich, weil sie die pla=
stische Kraft im Menschen zermürbt: „Es gibt einen
Grad von Schlaflosigkeit, von Wiederkäuen, von histo=
rischem Sinne, bei dem das Lebendige zuschaden kommt
und zuletzt zugrunde geht, sei es nun ein Mensch oder
ein Volk oder eine Kultur." Burckhardt dankte für die
„Unzeitgemäße", in der diese Worte stehen, auswei=
chend: „Vor allem ist mein armer Kopf gar nie im=
stande gewesen, über die letzten Gründe, Ziele und
Wünschbarkeiten der geschichtlichen Wissenschaft auch
nur von ferne so gut zu reflektieren wie Sie dieses
vermögen." Daß Burckhardt die Schrift persönlich
übelgenommen habe, wie ein Gerücht ging, hieße klein=
lich von ihm denken. Aber die aufsteigende Ahnung
mag ihn unheimlich überlaufen haben, daß hier eine

anbere Stellung zur Geschichtsbetrachtung bezogen sei
als die seinige, die er dahin formulierte: man könne
und dürfe sich dasjenige Vergangene, welches jedem
individuell zusagt, selbständig zu eigen machen, und
es könne hierin etwas Beglückendes liegen. Diese an=
dere Stellung, die Nietzsche einnahm, lag tatsächlich
außerhalb der geschichtlichen Fachgrenze. Es waren bio=
logische Bedenken, die ihn an der lebenspendenden Sen=
dung einer historischen Betrachtungsweise hatten zwei=
feln lassen.

2. Ludwig Rütimeyer und der Biologismus

An Nietzsches Kulturanschauung wirken naturwissen=
schaftliche Kenntnisse annähernd in gleichem Maße mit
wie geschichtliche. Das hat er vor Jakob Burckhardt
voraus, der bei allem Weitblick doch die einseitige Ge=
schichtswarte für seine Übersicht nicht verläßt. Aber
Burckhardt hatte große Stücke auf der agonalen Ein=
stellung, die sich die Griechen zum Leben gaben. Eine
Zeitlang hat es auch beim jungen Nietzsche den Anschein,
als sähe er im Leben etwas, das im Wettkampf als
Preis zu erobern sei. Dies würde zu der Annahme
berechtigen, Nietzsche habe sich die naturwissenschaft=
liche Ansicht vom Kampf ums Dasein zu eigen ge=
macht. In seiner ersten Zeit mag er auch tatsächlich
den Theorien Darwins gehuldigt haben. Bald aber
tritt der agonale Gesichtspunkt in den Anschauungen,
die er von den Griechen übernimmt, zurück, und an
Stelle der Willensanspannungen, die mit dem Siege
der einen Individuation über die andere endigt, be=
ginnt der Bilderzug der Formen, die sich aneinander

auswechseln. Damit hat er seine darwinistischen Mei=
nungen abgetauscht an einen Neo=Lamarckismus, wie
ihn der gleichzeitig mit ihm, nur eben an der natur=
wissenschaftlichen Abteilung der Basler philosophischen
Fakultät wirkende Berner Ludwig Rütimeyer vertrat.

In der ersten Basler Zeit sind die Beispiele für Nietz=
sches Naturauffassung noch selten, die historische Me=
thode überwiegt noch in seiner Kulturkritik. Hören
wir immerhin eine frühe Warnung von ihm gegen
liberale Selbstüberhebung, als wären wir alles und
wüßten alles: „Was weiß der Mensch eigentlich von
sich selbst? Ja, vermöchte er auch nur einmal voll=
ständig, hingelegt wie in einen Glaskasten, zu per=
zipieren? Verschweigt die Natur ihm nicht das aller=
meiste, selbst über seinen Körper, um ihn, abseits von
den Windungen der Gedärme, dem raschen Fluß der
Blutströme, den verwickelten Fasernerzitterungen, in ein
stolzes, gauklerisches Bewußtsein zu bannen und einzu=
schließen! Sie warf den Schlüssel weg: und wehe der
verhängnisvollen Neubegier, die durch eine Spalte ein=
mal aus dem Bewußtseinszimmer heraus und hinab=
zusehen vermöchte, und die jetzt ahnte, daß auf dem
Erbarmungslosen, dem Gierigen, dem Unersättlichen,
dem Mörderischen der Mensch ruht, in der Gleichgül=
tigkeit seines Nichtwissens, und gleichsam auf dem Rük=
ken eines Tigers in Träumen hängend.“ Später treten
die Spuren von Rütimeyers Denkweise deutlicher auf,
besonders Spuren der Aufsätze: „Über die Formen der
Tierwelt“ und „Der Fortschritt in den organischen Ge=
schöpfen“. Z. B. stammt ein Ausdruck wie: „Ein An=
lauf, um über sich hinaus zu gelangen“, aus Rüti=

18

meyers Feber, deren Schilderung über den verspäteten
und wie nachträglich aufgepfropften Ansatz des Ge=
hirns auf das Wirbeltierskelett kaum einen aufmerksa=
meren Leser gefunden haben wird. Denn danach war
ja das Säugetier Mensch in seinen morphologischen
Vorstadien lange zum Lebewesen ausgestattet, ehe sich
die Werkzeuge ausbildeten, die ihn nachher befähigten,
ein denkendes Wesen zu werden. Damit erhielt Nietz=
sches Kampf gegen den theoretischen Menschen ihre bio=
logische Vollmacht!

Persönliche Beziehungen wie zu Jakob Burckhardt
und J. J. Bachofen hat Nietzsche zu Rütimeyer kaum
unterhalten. Sie mögen sich gelegentlich als Kollegen
bei Besuchen und Anlässen getroffen und gesprochen
haben. Rütimeyer, wie Nietzsche Abkömmling einer
vielhundertjährigen Pfarrerdynastie und nichts weniger
als eine trockene Gelehrtennatur, befriedigte seine re=
ligiösen Bedürfnisse durch christlich orientierte Annah=
men. Sein Glaube an die Unsterblichkeit beschränkt
sich nicht nur auf die Seele — schon mit dreißig Jah=
ren gibt er sie mitten in seinen wissenschaftlichen Ent=
wicklungstheorien auch für den Körper frei. Von einer
flachen Natur= und Vernunftreligion war er, wenn
auch nach der entgegengesetzten Seite, so weit entfernt
wie Nietzsche. Aber man kann auch nicht sagen, daß
Rütimeyer ein besonders tiefes Erfassen des Lebens=
geheimnisses von seiten seiner Forschungen aus beschie=
den gewesen sei. In dieser Hinsicht ist der Eindruck,
den Nietzsche von dem Astronomen Zöllner hatte, viel
nachhaltiger gewesen. Zöllner schrieb dem Weltall eine
zauberhafte Empfindsamkeit für Schmerz zu. Auch

bei Darwin war für den Streit der Instinkte, für den
Gewissensbiß und das Pflichtbewußtsein dem künftigen
Genealogen der Moral mancher Aufschluß geboten.
Aber Nietzsche ist zu der zeitgenössischen positiven Na=
turwissenschaft nicht in die Schule. gegangen, um den
in ihm keimenden Mystizismus von der Seite der Na=
turauffassung her zu nähern, sondern um sich für
einen rationalen Anbau des Weltbildes mit soliden
Kenntnissen auszustatten. In dieser Hinsicht aber ist
er keinem Naturforscher zu größerem Danke verpflich=
tet als Rütimeyer. Von ihm bezog er (in heilsamer
Berichtigung seiner Emerson=Lektüre) den fundamen=
talen Gedanken der Umbildung, der ihn seine Phi=
losophie der Werte durchzuführen doch eigentlich erst
ermächtigt hat.

3. Joh. Jak. Bachofen und der Mystizismus

Die Ausdrucksmittel, um für sein Wissen um das
Leben eine haltbare Form aufzutreiben, suchte er in sei=
nem Berufsfache, aber nicht auf den schulmäßigen
Pfaden. Die zur breiten Heerstraße ausgetretene klas=
sizistische Auffassung des Griechentums ließ er links
liegen und folgte den schwerer zu erstöbernden Spuren,
die ihn ins Dickicht der Romantik führten. Das Ju=
gendwerk „Die Geburt der Tragödie aus dem Geiste
der Musik" stellt eine Summe umfassenden Fleißes
dar. Er hat auf dieses Buch hin sich eingelesen in die
entsprechenden Studien von Friedrich Schlegel, von
Wilhelm Schlegel und Anselm Feuerbach, von Fried=
rich Creuzer, von Otfried Müller und Friedrich Welk=
ker. Den Abschluß dieser durchaus romantisch gefärb=

ten Reihe von Pfadfindern bildet das hochgelehrte my=
thologische Werk des Basler Patriziers, Mäzens und
Privatgelehrten Professor Joh. Jak. Bachofen über das
Mutterrecht, verbunden mit dessen früherem Werk über
Gräbersymbolik, das Nietzsche im Sommer 1871 las.
Durch Bachofen wurde Nietzsche in seiner bereits er=
worbenen Auffassung des griechischen Pessimismus be=
stärkt. Er erfährt von ihm des weiteren, daß der
Totengott Dionysos, der auf seine Weise aber auch
ein Lebensgott war, nicht nur über einen Kult, son=
dern über eine ganze Kultur verfügte. Er war recht
eigentlich der erdgebundene, irdisch=unterirdische Gott
im Gegensatz zu dem Lichtgott Apollon. Bachofens wis=
senschaftliches Teil ruht auf dieser Entdeckung einer
dumpfen, durch die Begriffe Nacht und Weib und
Links bedingten chthonisch=tellurischen Kultur als einem
einst gewesenen urgeschichtlichen Zustande im Unter=
schiede zur solaren, durch die Herrschaft des Tages, des
Mannes und der rechten Hand erlangten Lebensperiode,
aus der die seitherige Kultur unserer Weltgeschichte her=
vorging. Bei Bachofen war das verbunden mit einer
wundervoll innigen Einfühlung in die größere Lebens=
nähe der weiblichen Natur. Er hat mit seinem Ge=
mälde der antiken Mütterlichkeit aus größter Ehrfurcht
und Pietät ein unendliches Grabgefilde freigelegt. In
der ersten Ergriffenheit des Entdeckers sind ihm im
Hinblick auf den hier begrabenen heidnischen Eros Auf=
erstehungsahnungen erwacht. Aber er hat dann für
seine eigene Person das Vergangene tot sein lassen,
verbot sich eine andere Auffassung, als die des stren=
gen wissenschaftlichen Abstandes und ging völlig der

Versuchung aus dem Wege, der sich umgekehrt Nietzsche mit Inbrunst entgegenwarf: diese antiken Spuren zur verdichteten Wegleitung für eine gegenwärtige Lebens= lehre zu verwenden, hauptsächlich um ihrer Bildfähig= keit und ihres seelischen Gehaltes willen. Bachofen hat sich bewußt auf die christlichen Glaubensgründe zurück= gezogen und schaudernd in der Folge wahrnehmen müs= sen, welch einen Aufruhr der junge Freund, auf den er große Hoffnungen gesetzt hatte, mit seinem ungleichen göttlichen Bruderpaar Apollo und Dionysos zu ent= fachen sich unterfing. Von der Geburt der Tragödie war Bachofen noch aufrichtig entzückt, aber wie eine Tempelschändung mutete ihn eine Wiederbelebung ver= klungener mythischer Schönheiten und Wahrheiten an, die sich zum gefährlichen Nebenbuhler des Christentums auszuwachsen drohte. Doch konnte er nicht rückgängig machen, daß damit bei Nietzsche ein mythologischer My= stizismus wirksam wurde, dessen Urheber er selber war.

Mit den drei Namen berühmter schweizerischer For= scher haben wir das Wesentliche von Nietzsches erster Basler Zeit auf das kürzeste umrissen. Machen wir uns klar, was eine solche gleichzeitige innere Auseinander= setzung eines nicht dreißigjährigen, mit Amtspflichten und schwacher Gesundheit behafteten Professors gegen gleich drei ausgereifte Autoritäten auf je einem Son= dergebiete bei Licht bedeutet: doch wahrlich nichts Ge= ringeres als den Nachweis nicht etwa bloßer Frühreife, sondern einer geradezu elementaren, ungeheuerlichen Genialität. Wobei noch zu bedenken ist, daß es sich ja nicht etwa um eine polemische Stellungnahme zu den betreffenden erleuchteten Geistern handelte. Denn

nebenbei hat sich ja Nietzsche seine hitzigen Federfehden
überdies geleistet — gegen David Friedrich Strauß
und die erbosten philologischen Fachgenossen. Zu den
drei genannten Berühmtheiten, die mit ihm durch das
Band derselben Alma Mater kollegial verbunden wa=
ren, sah er mit der schuldigen Bewunderung empor.
Der Gegensatz, in den er gegen sie geriet, wuchs inner=
lich, unterhalb der Bewußtseinsschwelle. Man möchte
sagen, Nietzsche hat damals mit verbundenen Augen
eine dreifache Simultanpartie gespielt gegen erste Welt=
anschauungsmeister, von denen jeder vor seinem eigenen
Schachbrett saß. Es war ein langes Ringen, und erst
heute läßt sich mit einiger Sicherheit von der Entschei=
dung reden. Wie uns scheint, siegte Nietzsche zweimal
und unterlag auch das drittemal nicht. Burckhardt und
seinem Historismus, Rütimeyer und seinem Biologismus
hält er heute stand, während seine Stellung zu Bach=
ofen als unentschieden — als eigentliche Partie remise
— bezeichnet werden muß. Wir werden noch sehen, —
später, in der Silser Zeit — daß er seinerseits „die
Mutter nicht gefunden hat" und damit dem Basler
Matriarchen die Überlegenheit nicht völlig streitig zu
machen vermochte.

II. Die Tage von Tribschen

Aus der urzeitlichen Landschaft, in der Nietzsche da=
mals lebte, sollte sich aber dann ein Fleck auf ein holdes
Stück Schweizererde senken. In der letzten Zeit seines
Lebens treten entscheidende Erinnerungen in mythischen
Umrissen vor ihn hin. Da spricht er denn auch von

einem Dreierverhältnis zwischen Dionysos, Theseus und
Ariadne auf der glückseligen Insel Naxos. („Und dabei
spielte er auf Ariadne an, die zugegen war," heißt es
plötzlich am Schluß von „Jenseits von Gut und Böse".)
Diese Insel Naxos hat für Nietzsche wirklich gelebt. Sie
hat ihm als fester Boden seiner Füße einen kurzen, aber
unvergeßlichen Aufenthalt geboten. Vor Luzern, unter
der mächtigen Kulisse des Pilatus, rückt eine stille, lau=
schige Landzunge mit einem kleinen Fischerweiler in den
uralten See hinaus — und ein weißes Landhaus leuch=
tet unter dunklen Bäumen.

Dort hatte der Töner und Dichter Richard Wagner,
bald sechzig Jahre alt, zusammen mit der neuen, letzten
Gefährtin seinen Wohnsitz aufgeschlagen. Diese noch
junge Frau wurde für Nietzsche so wichtig wie der große
Mann und Geist, dem sie sich hingab. Das war Co=
sima von Bülow, die überschlanke, beinahe hagere Toch=
ter Franz Liszts. Ihr Bild hat ihn durch sein ganzes
Schaffen hindurch begleitet — auf der Schwelle des
Wahnsinns hat er sich noch einmal nach ihr umge=
wendet und verzückt ausgerufen: „Ariadne, ich liebe
dich!" Und gar der Zuruf, als blitzerhellt Dionysos
in smaragdener Schönheit sichtbar wird:

Sei klug, Ariadne —
Du hast kleine Ohren, du hast meine Ohren:
Steck' ein kluges Wort hinein! —
Muß man sich nicht erst hassen, wenn man sich lieben soll?
Ich bin dein Labyrinth!

Mit diesen Worten wird, um hier die Sprache der
Psychoanalyse zu reden, die gewaltige Verdrängung
entbunden, die Nietzsche albartig quälte — in seinem

Weltsystem ist gespenstisch eine Erfahrung vom Weibe
umgegangen, die zurückführt auf jenen Anblick, der ihn
eben in Tribschen blendete und fesselte: das große Weib
in seinem echten und freien Gegenspiel zum großen
Manne. „Frau Cosima Wagner ist das einzige Weib
größeren Stils, das ich kennen gelernt habe; aber ich
rechne es ihr an, daß sie Wagner verdorben hat. Wie
das gekommen ist? Er ‚verdiente‘ ein solches Weib
nicht, zum Dank dafür verfiel er ihr." So gestand er
sich im Jahre 1887 ein. Vier Jahre früher schrieb er
ihr einen Tag nach Wagners Tode: „Sie haben einem
Ziele gelebt und ihm jedes Opfer gebracht... Wenige
wollen so etwas: und von den wenigen — wer kann
es so wie Sie! So sehe ich heute auf Sie, und so sah
ich, wenngleich aus großer Ferne, immer auf Sie, als
auf die bestverehrte Frau, die es meinem Herzen gibt."
Und abermals sieben Jahre zurück, da sah er sie zum
letztenmal von Angesicht, an Wagners Seite, zu Sorrent, in einer flüchtigen, freundschaftlich=verlegenen Be=
gegnung, die jene Jahre der Begeisterung abschloß.
Wenn gar nicht überschätzt werden kann, in welchem
Maße damals in den Tagen von Tribschen das Bild
Cosimas in ihn eindrang, durch alle Poren der Haut
weit mehr als durch das bewußtseinvermittelnde Licht
der Augen, so kann auch nicht entschieden genug das Un=
bewußte dieses Vorgangs für Nietzsches Seele hervorge=
hoben werden. Unterhalb jeder Ahnung, in der ge=
heimsten Tieflage des Erlebens, zündete da im jungen
Denker der Funke der Leidenschaft. Gewiß nicht in ir=
gendwelchem Banne sinnlicher Regung für die Gattin
des Gastfreundes. Dafür im glasklaren Entzücken der

Erkenntnis, welches Weib aller Weiber er da vor sich
sah. Mit allem Nachdruck spricht der französische Nietz=
schebiograph Charles Andler von der Tribschener Idylle
als „einem der großen Romane platonischer Liebe im
neunzehnten Jahrhundert". Nietzsches Schwester selbst
muß einräumen, in Bayreuther Kreisen sei früh Ariad=
ne ein Beiname für Frau Wagner geworden. „Von
dieser Zeit an nannten wir im geheimen Cosima viel=
fach Ariadne. Merkwürdigerweise kehren in meines
Bruders Entwürfen zu seinen ‚Gesprächen auf Naxos'
(1885), die drei Personen Dionysos, Theseus und
Ariadne wieder und bedienen sich derselben Worte, die
in Wirklichkeit von Cosima, Wagner und Bülow in den
Jahren 1871 und 72 gesagt worden sind." Dies als
äußere Stütze der Annahme, wobei also im Dreieck
Bülow verschwand und Nietzsche auftauchte. Und dann
Nietzsches eigene, ganz nach innen gekehrte Frage vom
November 1888: „Wer weiß außer mir, was Ariadne
ist? Von allen solchen Rätseln hat niemand bis jetzt
die Lösung: ich zweifle, daß je jemand auch hier nur
Rätsel sah." Dies als innere Stütze.

Aber was die beiden Männer betrifft, so haben die
Rollen gewechselt — später, in der Vision, ist Wagner
Theseus geworden und Nietzsche seiner ganzen Stim=
mung der Ecce=Homo=Wochen gemäß an die Stelle
des Dionysos getreten. In Tribschen aber stand Wag=
ner vor ihm als die Verkörperung einer dionysischen
Kultur. Er selbst fühlte sich als Herold — als wage=
mutiger Held der Tat, als Erzieher der Deutschen zum
Werke Wagners, ja recht sehr als ein Theseus diony=
sischer Musik. Er wollte Hand anlegen, zufassen, Re=

formator sein. Doch muß gesagt werden, so rein nur
als jugendlicher Lehensträger und todestreu hingegebe=
ner Vasall ist Nietzsche nicht für Wagner ins Feld ge=
zogen. Nach der Gefühlsseite hin war freilich seine An=
hängerschaft unbedingt. Die ihm gewährte Freund=
schaft, die das Ehepaar Wagner ihm gewiß von Anfang
an mit Erwartungen und Hoffnungen auf einen tüch=
tigen Mitgänger entgegentrug, versetzte ihn in Rausch
und Taumel. Aber wenn etwas uns mit beweisen hilft,
Nietzsche sei zum Denker und nicht zum Dichter berufen
gewesen, so die frühen Regungen von Zweifeln und
Vorbehalten, die ohne das bei einem geborenen Enthu=
siasten in einem solchen überschwenglichen Seelenzu=
stand nie und nimmer hätten zu Worte kommen können.
Nietzsche aber durchquert zunächst einmal mit seiner ei=
genen Theorie von der griechischen Tragödie — als
einem Niedergangsgebilde, weil es einfach die Profana=
tion der Mysterien sei — die Ziele Wagners, dessen
angestrebte Reform der Oper mit einem ausgesprochen
apollinischen Optimismus sich das alte griechische Dra=
ma zum Vorbild nahm. Der Meister merkte zwar
gleich, wo die tiefere Fühlung war und lenkte ein —
seine Schrift „Über Schauspieler und Sänger" (1872),
ja schon sein „Beethoven" (1870) machen sich die An=
sichten des Jüngers zunutze, ohne es freilich öffentlich
einzugestehen, was Nietzsche etwas verdroß. Doch wehrte
er dem Künstler, dessen Kunst ihm göttlich erschien,
nicht, sich bei ihm philosophisch=theoretisch zu bedienen.
Er hat beim Tode Richard Wagners von jener Zeit
gesagt: „Damals liebten wir uns und hofften alles
füreinander — es war wirklich eine tiefe Liebe ohne

Nebengedanken." Darum kam er auch darüber hinweg, als er den Gedanken einer dionysischen Weltauffassung, den er zu seinem eigenen Gebrauche aufzeichnete, in Wagners Beethoven wiederfand, nachdem er den Aufsatz in Tribschen vorgelesen hatte.

Er machte auch Wagner darauf aufmerksam, daß er mit der Übernahme solcher Ansichten seinen Fuß auf neuen Boden gesetzt habe und das Dionysische Bekenntnis nicht unter der Flagge Schopenhauers dürfe segeln lassen, wozu Wagner tatsächlich die Unbefangenheit besessen hatte. Aber nur einseitig den Hinweis auf Wagners Beethoven zu Nietzsches Gunsten zu buchen, geht auch nicht an. Sein Benehmen grenzte an Undankbarkeit, denn er überhob sich, in Wagners Werk nur eben die selbstverständliche Verwirklichung seiner Theorien zu erkennen. Schließlich war es eine Freundlichkeit des Abgotts, die Gedanken des Verehrers in sein geistiges Eigentum übergehen, sich von dem viel Jüngeren, einem Werdenden, offenbar haben anregen zu lassen. Was freilich die Tatsache nicht aus der Welt schaffte, daß Wagner sich von Nietzsche einblasen ließ: Nietzsches Lehre einverleibe sich Wagners Werk! Insofern stand der Jüngling ebenbürtig neben dem Alternden.

Und es sollte auch einmal dahin kommen, daß der junge Professor den Meister schulmeisterte. Auf Schweizerboden kommt freilich nur der Anstoß zu der peinlichen Szene zu liegen. Nietzsche hat im Basler Münster ein Chorwerk von Wagners Nebenbuhler Brahms gehört und war davon hingerissen. Die zweifellos aufbringliche Art, wie er dann in Bayreuth sich des Ein=

brucks gegen Wagner entledigte, darf als der erste An=
stoß zu dem bevorstehenden Bruch betrachtet werden.

Darob geschieht dem stillen Glanze von Tribschen
keinerlei Eintrag. Er leuchtet unvergänglich aus Nietz=
sches junger Zeit in sein Leben und seinen Ruhm. Mit
einer ganz bestimmten, nicht zu verwechselnben Bedeu=
tung. Seine Erlebnisfähigkeit wurde geweckt, genährt,
gesteigert. Neben diesem unvergleichlichen Geschenk ver=
blaßt alles, was ihm die Schweizererbe bot. Wobei
eben im Auge zu behalten ist, was für Nietzsche, den
Entdecker des Erlebens, die Bereicherung und Stärkung
seiner Erlebniskraft wert sein mußte. Mit Wehmut,
ja mit Verzweiflung, freilich ohne Reue und im Be=
wußtsein der einstigen Verblendung hat er voll Dank
sich immer wieder der Tage von Tribschen erinnert. Es
war das erste farbige, sinnenfällige Bild, das sich in
den Ablauf seines Lebens einschob und erst von den En=
gadiner und Genueser Zeiten an in andern Bildern
Fortsetzer fand. Und die grundsätzliche Abkehr von Wag=
ners Kunst und Frömmigkeit raubte ihm nicht die rück=
blickende Freude an der mythischen Walkürenlandschaft
des Luzerner Sees mit seinem blaugrünen Wasserspie=
gel und den violetten Wolken über den Bergzügen. Und
da mochten denn auch in ihm die herrlichen Des-Dur=
Motive wieder anklingen — jene Dreitaktschönheiten,
die er mitten in der wildesten Abrechnung des „Falles
Wagner“ in Ehren hielt.

III. Die Basler Kultur

Ernüchtert kehrte er aus den seligen Gefilden von
Naxos=Tribschen an sein graues Tagewerk zurück. Es
war nicht das erste beste, und die Stätte, wo er es aus=
zuüben hatte, war es ebensowenig. Nietzsche ist nicht
ohne Verständnis und Dankbarkeit dafür gewesen, was
an und für sich die Stadt Basel darstellt. Mit ihrem
humanistischen Erbe, ihren guten Konzerten, ihrer lieb=
lichen Landschaft, in die sie mit ihren roten zierlichen
Münstertürmen eingebettet ist, und ihrer lebhaften Ver=
kehrslage auch in allen geistigen Dingen. Jedoch fan=
den nicht nur aus äußeren Ursachen seine Basler Tage
ihr Ende. Sie waren gezählt infolge des Klimas, auch
des gesellschaftlichen. Die dicke Luft, die er auf die
Dauer nicht ertrug, lag nicht allein in der Atmosphäre.

Dennoch ist Basel in gewissem Sinne seine Stadt ge=
wesen. Um des Anteils willen, den sie ihm nicht gänz=
lich schuldig blieb. Was wußten die drei andern Nietz=
schestädte jenseits der Alpen — was wußte Genua, Ve=
nedig, Turin, wer Nietzsche war. In Basel wußte man
es von dem Tage, da er es betrat, und hat es bis zur
Stunde nicht völlig vergessen. So ist er denn auch nicht
von uns gegangen, ohne uns in mehr als einer Bezie=
hung die Ehre des Beispiels haben angedeihen las=
sen. Ich meine, Basel als Gesamtheit und als Sitz von
Sitten, Gepflogenheiten, Arten und Unarten. Er hätte
in seiner Moralkritik nicht so lobend vom „langen
Zwange" reden können, ohne derart durchgehende hun=
dertjährige Verhältnisse, in die er gesellschaftlich und

beruflich hineingeriet. Sogar einige seiner zu Schlag=
wörtern gediehenen Prägungen, wie das Pathos der Di=
stanz, mag er von dem damals noch ausgeprägten
Standesbewußtsein der eingesessenen Oberschicht abge=
lesen haben. Gewiß springt es anderswo noch schär=
fer hervor — im preußischen Abel und den geschicht=
lichen Spuren der Renaissance. Aber dort hätte er es
nur als Beobachter abgelesen, während er es hier auch
bei aller republikanisch bürgerlichen Erweichung eben
innenseitig miterlebte.

Auch seine religiösen und politischen Einstellungen,
wiewohl beide ihm von vornherein durch seine Philoso=
phie vermittelt, konnten sich an den gut umrissenen
konkreten Beispielen schulen. Der Liberalismus und der
Pietismus waren im Basel der Siebziger Jahre blü=
hend zu pflücken. Er durchschaute jenen und drückte bei
diesem ein Auge zu. Ja mit seiner ersten Unzeitge=
mäßen trug er sogar einen Spieß in den Streit und hat
damit zwei treffliche Schweizer Geister vor den Kopf
gestoßen, mit denen er später noch ein gutes Einver=
nehmen erstrebte. Gottfried Keller griff nach der gro=
ßen Kelle, als er den jungen Nietzsche mit dem Urteil
bewarf: „Das knäbische Pamphlet des Herrn Nietzsche
gegen Strauß habe ich auch zu lesen begonnen, bringe
es aber kaum zu Ende wegen des gar zu monotonen
Schimpfstiles ohne alle positiven Leistungen und Da=
sen... Mit der Straußbroschüre will er ohne Zwei=
fel sich mit einem Coup ins allgemeine Gerede bringen,
da ihm der stille Schulmeisterberuf zu langweilig und
langsam ist. Es dürfte also zu erwägen sein, ob man
einem Spekulierburschen dieser Art nicht noch einen

Dienst leistet, wenn man sich stark mit ihm beschäftigt
… Ich halte den Mann für einen Erz= und Kardinal=
philister, denn nur solche pflegen in der Jugend so mit
den Hufen auszuschlagen und sich für etwas anderes
als für Philister zu halten, gerade weil dieses Wähnen
etwas so Gewöhnliches ist." Auch Carl Spitteler, Nietz=
sches um ein halbes Jahr jüngerer Altersgenosse, hat
sich an der Ersten Unzeitgemäßen — und er nun wohl
so ziemlich für das ganze Leben — den Verleider ge=
lesen. Er führt sein späteres Widerstreben, mit Nietz=
sches Schriften sich eingehender bekannt zu machen, auf
den abstoßenden Eindruck zurück, den er von der durch
Nietzsches Abschlachtung eines freichristlichen Führers
genährten Schadenfreude der rückständig verbohrten
Rechtgläubigkeit empfing. Auf die Häupter beider et=
was vorschnell verstimmter Schweizer Dichter hat Nietz=
sche dann durch sein nachträgliches Verhalten gegen sie
glühende Kohlen gesammelt. Aber nicht etwa so, daß
er sich geändert hätte, vielmehr waren jene inzwischen
von einer starren Vertretung liberaler Ideen abgerückt
und hatten ihrerseits — Keller mit dem auftauchenden
Salanderplane und schon vorher mit dem Pfarrer im
Verlorenen Lachen, Spitteler mit seinen mythischen
Dichtungen — das Feld von Nietzsches erklärter Geg=
nerschaft verlassen. Die Fanfare gegen Strauß ertönt
genau in der Richtung seiner späteren antiliberalen
Überzeugungen. Mit einer Folgerichtigkeit, bei der die
ihm leichthin nachgesagten Widersprüche Mühe hätten
noch irgendwie unterzukommen, ist sein späteres Ver=
halten gegen Staat und Volk und politische Freiheit
nur eine Bestätigung jener erstmaligen schrillen Ab=

sage gewesen. Jeder neue Axtschlag fuhr in dieselbe Kerbe.

Wenn der grimme Spötter über den Liberalismus und besonders auch den kirchlichen lange Zeit milde und nachsichtig gegen dessen Gegenteil, die pietistische und konservative Gesinnung des alten Basels verfuhr, ja gerade eben ob der baslerischen Sonderform dieser Gesinnung länger Geduld übte als es wahrscheinlich sonst der Fall gewesen wäre, so ist daran nicht irgend= eine Liebedienerei und Gefallsucht gegen Verhältnisse Schuld, in die er nun eben eingetreten und auf die er angewiesen war. Nietzsche hatte ein vorgefaßtes Miß= trauen dagegen, daß man ein Haus besaß und nach fünf Jahren wieder auszog. Die Treue gegen den Irr= tum, in dem man seine persönliche Lebensform schick= salsmäßig gefunden hat, war für ihn eine Untereigen= schaft seiner Kardinaltugend, wie er sie faßte und die man an ihm so sehr verkannt und mißdeutet hat: der Vornehmheit. Er fand es richtig, weil es unzeitgemäß war, daß wer fromm war, fromm blieb und nicht ein= fach der Aufklärung in die Arme lief, um modern zu sein. Es kommt aber als sehr wesentlich noch hinzu, daß er überhaupt diesen Fußfall der Religion vor der Politik, wie er in dem Schweizer Freien= oder Reform= christentum unter seinen Augen vor sich ging, verwarf. Für Nietzsche hat, rein grundsätzlich, eine Kirche stets mehr bedeutet als ein Staat. Laut seinem Maßstabe der Kultur war sie von vornherein die höhere, men= schenwürdigere Anstalt. Er machte daher auf ernste und eifrige Christen, die zugleich aufrechte und selbstän= dige Männer waren, den quälenden Eindruck, als läge

es am Christentum, daß sie bekannten, daß ein so in=
brünstiger Charakter wie dieser junge Gelehrte, sich von
dem Glauben seiner Väter abwende. Er erlebte zwei
merkwürdige Fälle dieser Art in Basel. Einmal ge=
stand der alte Strafgerichtspräsident Thurneysen, einer
der besten Basler Bürger jener Zeit, Nietzsche sei ihm
stets erschienen als wäre er unmittelbar aus Gottes
Hand hervorgegangen, und ein dumpferer, aber ebenso
unbedingter Geist wie Herr Adolf Vischer=Sarasin,
ein völlig in christlichen Liebeswerken aufgehender, gold=
lauterer Glaubensaristokrat, ersah Nietzsche zum Gegen=
stand eines wohlgemeinten Bekehrungsplanes, von dem
er dann natürlich unverrichteter Sache abstehen mußte.
Solche Erlebnisse mögen das ihre dazu beigetragen ha=
ben, daß der vorbestimmte Bekämpfer des Christentums
gerade dessen dichteste, älteste Erscheinungsweise zuletzt
antastete, ihr gewissermaßen die längste Schonzeit ge=
währte, die erst in einer von ihm nicht selbst mehr ver=
öffentlichten Nachlaßschrift ihr völliges Ende fand: im
Antichrist!

Man mag indessen hier nicht ohne jedes Recht bei
Nietzsche eine vorgefaßte Meinung voraussetzen, eines
jener gerade von ihm unerbittlich bloßgestellten Nach=
gefühle gegen angeborene eigene Schäden. Das Erb=
teil des in ihm aufgesammelten Theologenblutes von
vielen Geschlechtern väterlicher= und mütterlicherseits
hat schließlich seinen Zoll eingefordert, als er sich gänz=
lich im Hasse des Christentums verlor und sich unter
Drangabe der letzten Herrschaft über sich selbst vor
Vernichtungswut nicht mehr kannte. In Basel ist er
von diesem Äußersten noch weit entfernt schon um der

innern Bande willen, die sich gerade um seinen Un=
glauben schlangen: die Ernsten richteten, wie wir sa=
hen, nicht, sondern schlugen an ihre Brust und erklär=
ten es als einen Vorwurf gegen das von ihnen vertre=
tene Bekenntnis, daß ein so aufrichtiger und durchglüh=
ter Mensch wie Nietzsche kein froher Christ sein könne.
Auch in der andern Verwandtschaft Nietzsches mit dem
altbaslerischen Geiste, seiner Vorliebe für eine konser=
vative Lebenshaltung, mag die Umgebung natürlich und
beschwichtigend auf seine Neigung eingewirkt haben, sei=
ner vornehmen Gesinnung gemäß auch äußerlich auf=
zutreten und sich namentlich auch entsprechend zu klei=
den. So pflegte er denn sein Haupt mit einem grauen
Zylinder zu bedecken, trug sich auch sonst gewählt und
barg sein Manuskript in einer feinen Hülle roten Le=
ders, um es daraus zur Vorlesung aufs Pult zu legen.
Jedenfalls sieht man, wenn auch von etwas anderm
als einer flüchtigen Begegnung nicht die Rede sein
konnte, Nietzsches Entwicklung hat sich mit dem Kern
der angestammten Basler Stadtkultur wirklich und ele=
mentar berührt. Sonst ließe sich ja auch die persön=
liche Anhänglichkeit, die sich ihm, trotz aller Betrübnis
über seine „abscheulichen" Ansichten, in den Kreisen
seiner ehemaligen Bekannten und Schüler erhalten hat,
ebensowenig erklären als seine eigene redliche Hoch=
achtung und Dankbarkeit für Basel, dessen Klima so=
wie dessen berechtigte Ansprüche auf seine amtliche Ar=
beitsleistung er für die Durchführung seines Werkes
sehr hinderlich empfunden hat.

Vielleicht darf auch daran erinnert werden, daß Ba=
sel kein ungünstiges Feld war für Nietzsches Ausbildung

zum großen und bahnbrechenden Schriftsteller, als der er heute vor der Welt dasteht. In Basel hat er den Schritt getan vom begabten philologischen Fachschriftsteller hinüber in das unbegrenzte Reich der freien Abbildung des Lebens durch das zu lesende Wort. In Basel, das, wie die schweizerische Kultur überhaupt, unter dem Banne des Bruderkampfes zwischen Mundart und Schriftsprache steht und dessen Mundart überdies in Hebel einen schriftlichen Klassiker gefunden hat, also daß der Gegensatz zum Hochdeutschen gleichsam durch ein uneinnehmbares Bollwerkchen gekrönt war — in Basel war eben doch durch den eingewanderten Preußen Wilhelm Wackernagel und dessen Nachfolger Moritz Heyne bereits ein ganzes Geschlecht zur liebevollen und ehrerbietigen Handhabung des geschriebnen Ausdrucks erzogen worden, und von Jakob Burckhardt lagen Geschichtsbilder in vorbildlichem Deutsch vor. Hinzu kommt noch ein weiteres. Dadurch, daß Nietzsche die Sonntage meistens auf Wagners Landsitz Tribschen verbrachte, kam er eigentlich um die Gelegenheit, Basel in seiner Eigenschaft als aufblühende Musikstadt näher zu würdigen. Dieser Aufschwung vollzog sich im Zeichen von Robert Schumann und Johannes Brahms — gänzlich ohne Spuren ist diese andere Seite deutscher Musikpflege an Nietzsches Ästhetik nicht vorübergegangen, wenn er auch damals öffentlich nur Wagners Kunst sah und gelten ließ. Es genüge festzustellen, daß Basel für den geborenen Rhythmiker nicht gerade ein dumpfes Holzpflaster war, sondern als ein wenn auch nur schwach vibrierender Resonanzboden mitschwang.

Es war ja auch, wie wir hervorhoben, nicht zur Dich-

terſchaft, daß er ſich zu erziehen hatte. Neben gele=
gentlichen Proben echter Lyrik in Proſa und Verſen hat
er doch namentlich der Denkmitteilung einen neuen
deutſchen Ausbruck geſchaffen, der, eben in ſeiner Eigen=
ſchaft als Ausbruck, die Sprachkunſt ſeines Vorbildes
Schopenhauer weit überholt. Angeſchaut auf die In=
nigkeit der Verſchmelzung zwiſchen gefundenem Aus=
bruck und dem auszubrückenden Gedanken und auf den
kürzeſten Weg, auf dem die nach außen brängende Emp=
findung des erwählten Wortes habhaft wird, ſucht
Nietzſche ſeinesgleichen. An ſeinem Beiſpiele konnte ſich
bann im Verlaufe des letzten Menſchenalters die groß=
artige Schulung der deutſchen Proſa vollziehen, durch
die unſere Mutterſprache an Spannkraft und Mittei=
lungsvermögen ben älteren, durchgebilbeteren europäi=
ſchen Kulturſprachen nicht mehr nachſteht, ohne doch an
der ihr angeborenen Fähigkeit des Wohlklangs etwas
einzubüßen. Eindringlich und doch nicht lehrhaft, lei=
benſchaftlich ſchwingend und doch nicht ſchönredneriſch,
iſt Nietzſches Deutſch ſowohl beſchwert als beflügelt
vom unmittelbaren Erleben. Ja es ſchwillt dieſe Un=
mittelbarkeit manchmal ſo ſtark an, daß in dem von
ihr geſchlagenen Wellengang ſeine Sprache wie ein not=
wendiges Atmen anmutet. Auch durchmißt Nietzſche
tauchend und ſteigend einen auffallenden Tiefenunter=
ſchieb in vollkommener Freiheit: manchmal, beſonders
in der Satire, hält er ſich an der glitzernden Oberfläche
— mit den Schwanzſchlägen der Forelle ſchnellt ſein
Witz übermütig über den Spiegel hin —, gewollt geiſt=
reich, irgendeinen ſpitzen Einfall ins Wortſpiel wik=
kelnb, wobei er in ſelteneren Fällen ſogar zum eigent=

lichen Kalauer entgleist. Und dann wieder die Senkung
ins Einfarbige, Dunkle, Elementare, bis der Klang
unter dem klafterschweren Gefühlsdrucke zu einer satten,
samtenen Fülle gedeiht. Zu dieser unübertroffenen,
schöpferischen Beherrschung des Deutschen legte der junge
Sprachlehrer an Gymnasium und Universität bei uns
in sich selbst den Grund. Mit Stolz darf die Schweiz
sich dessen bewußt bleiben, daß in ihrer alten Grenzstadt
am Rheinknie neue Wesenskräfte deutscher Sprache be=
brütet worden sind, wie seit Goethe, ja seit Luther nie.

Aber auch eine andere beispiellose Fähigkeit Nietzsches
hat in jenen ersten Basler Amtsjahren ihren Anfang
genommen. Wir meinen die Art und Weise seiner
geistigen Arbeit an und für sich. Vor allem ihre Ste=
tigkeit — das ruhig Pflichtmäßige in ihr, der Ablauf
seiner Aufzeichnungen, Seite um Seite und Heft um
Heft, und deren Rundung zu einem Bande im Durch=
schnitt jedes Jahr. Wer einseitig auf das Sprunghafte
seiner Gedankengebung hinweist, auf manchen Hiatus
und klaffende Schroffheiten seiner Entwicklung, auf die
Reibung und Gewaltsamkeiten und deren Außenseite,
den abgerissenen Schaumflocken des Aphorismus, der
unterschlägt die alle diese Unruhe ausgleichende sichere
Gleitung seines fortlaufenden Schaffens, die sich in
der ungestörten Beständigkeit seines Sprachbildes be=
kräftigt: Nietzsches Prosa zeugt laut für seine unge=
brochene Treue gegen sich selbst. An seinem Stile bleibt
sich der Tonfall von Anfang bis zu Ende gleich, und
darin spiegelt sich die innere Gleichartigkeit seines We=
sens. Mehr noch als in der Sprache Goethes wird in
der Sprache Nietzsches „Ton gehalten", wenn man so

jagen soll. Es findet kein Ausfall an Klangwert statt
— darüber darf uns kein noch so stürmischer Wellen=
gang hinwegtäuschen:

> Dem Fleißigen neid’ ich seinen Fleiß:
> Goldhell und gleich fließt ihm der Tag herauf,
> Goldhell und gleich zurück,
> Hinab ins dunkle Meer, —
> Und um sein Lager fließt
> Vergessen, gliederlösendes...
> Fünfmal warf ich die Angel über mich.
> Fünfmal zog ich keinen Fisch herauf.
> Ich fragte — keine Antwort lief mir ins Netz.
> Ich horchte mit dem Ohr meiner Liebe.

In solchen Geständnissen haben wir Nietzsche an der
Arbeit, wie er in den lottiefen Sod seiner Schauungen
hinunterlauscht und geduldig Eimer um Eimer herauf=
haspelnd die zehn= und zwanzigtausend Blätter seiner
Hefte füllt, um aus ihnen dann seine Bücher zusam=
menzustellen. Wohl war jener Karl Gutzkow kein tie=
fer Geist, der den Spruch tat: Das Genie ist der Fleiß.
Der Schlüssel zu Nietzsches Genialität liegt da: Fleiß
und Genie — Nietzsche selber weiß es nicht anders.
Auch hierfür war ihm die nüchterne, erwerbstüchtige
Schweizerstadt eine günstige Umgebung. In ihr wurde
gut und fleißig gearbeitet. Die Gründerseuche der
Großstädte befiel sie damals nur leicht. Aber etwas
anderes enttäuschte ihn an Basel nicht allein, sondern
an der gesamten Gemeinschaft des gleichen Rechts und
der gleichen Wahl: die geringe Schwungkraft, sich
über Pflicht und Arbeit zu erheben. Von den schweize=

rischen Festen, die gelegentlich in seine Einsamkeit hin-
einrauschten, ergriff ihn keines. Er empfand sie als
seicht, sie stießen ihn ab. So seufzt er einmal über den
Trubel, mit dem das eidgenössische Sängerfest die Stadt
erfülle. Aber auch bei dem gewählteren Aufwand ge-
sellschaftlicher Festlichkeit erging es ihm nicht besser.
Wenn z. B. der reiche Herr Professor Bachofen einen
Ball gab, so mochte Nietzsche unwillkürlich vergleichen
zwischen dem Einblick, den ein solcher Mann mit ihm
zusammen als Erste in den Rausch und Taumel des mythischen Altertums getan hatten, und dem Flittertand
eleganter Herkömmlichkeit im modernen Lebensbrauche.
Die Basler Fastnacht und namentlich ihren nächtlichen
Korybantenzug mit Trommeln, Laternen und Stock-
leuchtern scheint er keines Blickes oder Wortes gewür-
digt zu haben. Und doch waren das letzte Reste heidni-
scher Wildheit, was da noch durch das mechanisierte
Treiben der hochgelobten Zivilisation durch zwei Mor-
gen des Vorfrühlings spukt. Die Tollheiten des von
ihm sowieso mit Mißtrauen gewürdigten Volkes waren
ihm zu gemein und zu zahm, um sie als tiergöttliches
Aufleben der Urleibseele würdigen zu können. Vermutlich wären in Europa nur München und Paris, allen-
falls noch Wien Städte gewesen, wo Nietzsche die Aus-
gelassenheit des Faschings einigermaßen elementar an-
gemutet hätten. Aber auch das ist zweifelhaft. Die
große Rauschwoge, wie sie ihm noch intuitiv erschaubar
wurde, erfaßte schon längst nicht mehr die Tatsächlich-
keit des Zeitalters, und ein gutes Teil von seinen späteren Übermenschphantasien und Renaissance-Idealen
entpuppt sich als die nachgewobenen Lückenbüßer in die

Mottenlöcher, die das Entartungselend der durchschau=
ten und verachteten „Jetztzeit" in die Überbleibsel un=
seres Instinktlebens fraß.

Das übertrug sich schließlich auf alle Einrichtungen
unserer Kultur, nicht zuletzt die Ehe, deren Verwirk=
lichung durch ihn selbst ihn das eine oder andere Mal,
aber immer flüchtig genug beschäftigt haben mag —
stets mit dem Beschluß: Geheiratet wird nicht. Es war
das für ihn keine philisterhaft errechnete Angelegenheit
des Auskommens und Herdgründens, und während
einer Sommerfrische soll er sogar Hals über Kopf einer
jungen Dame, die er kaum kannte und die schon gebun=
den war, einen Heiratsantrag gemacht haben. Im
Ganzen wird man sagen dürfen: es war nicht zu ver=
meiden, daß aus ihm der spätere Einsiedler wurde, der
nicht wußte wo sein Haupt niederlegen und vielumtrie=
ben froh war, mit der Zeit einige Orte auszukundschaf=
ten, an die er wieder zurückkehrte, weil sie ihm noch
einen erträglichen Aufenthalt boten. Äußere oder per=
sönliche Umstände, wie Ekel vor dem Pöbel oder Krank=
heit, gaben dabei nicht eigentlich den Ausschlag. Nietz=
sche war in den Besitz eines so ausgesprochenen, untrüg=
lichen Lebensgefühles gelangt, daß es überhaupt keine
Befriedigung finden konnte und daß er wirklich und nicht
etwa eingebildet sich in einer romantischen Verfaf
sung befand. Ringsum, wo er hinsah, stieß er auf
Zustände und Gesinnungen, die seinen Lebensanforde=
rungen nicht entsprachen. Alles, was in Betracht kam,
war erlebnisschwach. Man merke sich das Wort, denn
es trifft die Sache: erlebnisschwach. Freisinn, Demo=
kratie, Familie, Ehe — an sich waren das noch keine

Bezeichnungen, über die sich vielleicht mit Nietzsche nicht
wohl hätte reden lassen. Nietzsche war kein Doktrinär.
Seine Vorurteile waren seelisch begründet. Er wußte,
daß alle diese hochgepriesenen Dinge heutzutage als Le=
bensformen unmöglich waren — nicht an und für sich
und vornherein ungenügend vielleicht, aber nun eben,
wie die Dinge lagen, nicht mehr fähig, wirkliches Pa=
thos in sich aufzunehmen, demnach ungeeignet zum
Träger wahren, unmittelbaren, bilderfüllten, enttheo=
retisierten Lebens. Unzeitgemäß, weil lebendig — so
hätte seine Formel lauten können.

Und das führt uns nun eben auf seine denkerischen
Errungenschaften, deren Kern schon in den ersten Bas=
ler Jahren völlig reif und rund in ihm lag. Was für
eine Bewandtnis hatte es denn mit diesem seinem stol=
zen, herrischen, unerbittlichen Lebensgefühl, das alle
Größen und Ruhmestitel der „zeitgemäßen“ Kultur von
sich wies? Noch einmal bietet sich der Vergleich mit
den Stillfrommen an — ihnen schimmerte über den
Kirchtürmen der Stadt ein himmlisches Jerusalem —
dem jungen Griechenkenner aber über der Basler Kul=
tur die dionysische!

IV. Die dionysische Kultur

Betrachten wir Nietzsches Kulturanschauung, wie sie
sich in Basel geformt hat, um dann in der Folge ihn
selber zu formen, so kann vollkommen kühl erkannt
werden, daß einmal der Name „Dionysos“ als Bezeich=
nung des Denkinhaltes und sodann dieser Denkinhalt

42

selbst alles andere sind als halbfertige Willensanwand=
lungen mit unerreichten Zielen. Vielmehr liegt hier ein
philosophischer Griff und Fund vor von einem Wage=
mut und einer Treffsicherheit ohnegleichen. Dieses bei=
des wollen wir nun deutlich darlegen: der scheinbar
ausweichende und abschweifende Name deckt restlos die
von ihm bezeichnete Meinung — und Nietzsches philo=
sophischer Standpunkt sitzt vollkommen im Mittel=
punkt einer erschöpfenden Welt= und Menschheitslehre.
Der Name trifft zu, und der Inhalt ist schlechthin we=
sentlich wie keine andere uns heute zugängliche Weis=
heit.

1. Die Bezeichnung Dionysos. Ihre sinnbildliche Bedeutung

Wir haben bereits dreierlei beobachtet: Nietzsche
macht sich frei vom Historismus, den ihm großartig
Jakob Burckhardt verkörpert — er macht sich ferner
ebenso frei vom Biologismus, der ihm, ähnliche Be=
wunderung einflößend, an Ludwig Rütimeyer entgegen=
tritt, und er knüpft, verlockt durch die romantische Al=
tertumsforschung Bachofens, eine vorläufige Beziehung
an zu einem wissenschaftlichen Mystizismus in dem
Sinne, daß erworbene Erkenntnisse, die nur intuitiv
und nicht logisch Erfaßbares belegen, mit Symbolen
zu bezeichnen sind. Er eröffnet damit eine Methode von
unabsehbarer Tragweite: er spürt, es gibt wesentliche
Ergründungen der Gelehrsamkeit, für die eine begriff=
liche Fassung eine entstellende, schlechthin unwissen=
schaftliche Angabe wäre. Ein Symbol kann wissen=
schaftlicher sein als ein Begriff: — diese verblüffende

Entdeckung liegt der scheinbar beinahe dilettantischen Namengebung „Dionysos" zugrunde. Nicht aus Verlegenheit, sondern aus schärfster Witterung heraus ist sie erfolgt.

Auch bedarf es keines großen Kopfzerbrechens, wenn die Ursache aufgezeigt werden soll, die zur Prägung des Dionysischen führte. Mit dem Historismus und dem Biologismus wird Nietzsches Besitz verneinend abgegrenzt — er vertritt keine Weltanschauung, die, sei es aus der Geschichte, sei es aus der Naturwissenschaft durch ein Überdampfungsverfahren gewonnen werden kann. Durch die Berührung mit der romantischen Methode des Mystizismus bleibt die Grenze fließend und besagt nichts Entscheidendes. Was für ein Ismus aber umschreibt den denkerischen Besitz Nietzsches mit untrüglicher Bejahung? Nichts einfacher als das, war der Intellekt versucht zu sagen. Liegt denn Nietzsches Denkergut nicht darin beschlossen, daß er das Leben wissenschaftlich einzufangen unternahm. Nun denn: da Leben doch vita heißt, wäre er der erste bahnbrechende Vertreter des Vitalismus — und damit wäre die Sache in Ordnung. Ja, für irgendeinen Logiker vielleicht, der nicht zugleich auch ein ebenso begabter Metaphysiker war — nicht aber für Nietzsche, der diese beiden Fähigkeiten — zum kritischen Urteil und zur schauenden Ahnung — ebenbürtig in sich vereinigte. Nietzsche scheute davor zurück, dem Leben sich denkend vom Begriffe her zu nähern. War es denn von vornherein ausgeschlossen, daß es gelingen kann, sich dem Leben denkend vom Bilde her zu nähern? Handelte es sich um etwas anderes als um das eine: dem Sinne des Lebens ein

44

sprachliches Zeichen aufzufinden. Dieses sprachliche Zeichen für den Lebensinhalt lautet nun in Nietzsches Munde: Dionysos. Er ist auf diese Weise, möchte man sagen, recht eigentlich zu einem Täufer des Lebens geworden. Vor allem auch hinsichtlich des ungeheuren Ernstes, den er sich diese Namengebung hat kosten lassen.

Denn lasse man sich nur nicht die Meinung beikommen, er habe den griechischen Gottnamen aus einem flüchtigen und geistreichen Einfall zu einem Sinnbild des Lebens erhoben! Einer langen Vorbereitung bedurfte es, bis aus einer fünffachen Wurzel dieses in einem einzigen Wort enthaltene sprachliche Bildzeichen für eine weltbewegende philosophische Erkenntnis erwuchs:

Erstens war Nietzsche — um uns zunächst einmal ein kulturgeographisches Merkmal nicht entgehen zu lassen — ein gebürtiger Obersachse, also der Landsmann großer Religionstemperamente wie Luther, Lessing und Fichte, schweifender Sinnierer wie Leibniz und Novalis, umfassender Musiker wie Schütz, Bach, Händel. Alle diese genannten eignen sich, mit der Bezeichnung des Dionysischen umspannt zu werden — (der sonst nüchterne Leibniz wenigstens durch die ungeheure Auslabung seiner Belesenheit und seines Optimismus). Nietzsche war ein genialer Thüringer und bis auf weiteres der letzte.

Zweitens nahm unter dem Einfluß der Schopenhauerschen Philosophie sein religiöses Bedürfnis eine entschlossene Wendung zur metaphysischen Weltanschauung, wobei sein Berufsinteresse am klassischen Alter

tum, der Humanismus, eine geheimnisvolle Verinner=
lichung erfuhr und zu einer ängstlich gehüteten Myste=
rienangelegenheit wurde.

Drittens brachte Nietzsche die gesamte außerchristliche
(antik=heidnische) Denkernte der deutschen Romantik un=
ter Dach, als er die Apollo= und Dionysosforschungen
bis und mit Bachofen gründlich durcharbeitete —
mit dem Ergebnis, daß fortan für ihn die Gefühls=
lehre in das Zentrum einer umfassenden Welterklärung
aufrückte.

Viertens wurde sein starkes kosmisches Gefühl unter
stützt von einem lebendigen Kunstverständnis, so daß
keine Gefahr bestand, es möchte bei ihm jemals eine
moralische Lebensbewertung über die ästhetische ob=
siegen.

Fünftens hatte ihn auf musikalischem Gebiete die
Bekanntschaft mit der unzweckhaften, symphonischen
Tonkunst eines Berlioz und Liszt wachsam erhalten, um
dem Allzu=Unmittelbaren der Wagnerschen Schlager=
wirkung und Kulissenreißerei nicht blindlings anheim=
zufallen. Das rettete ihm für sein Denken jenen fei=
nen Sinn für das Vielfache, der ihm in der Stellung
und Bewältigung der Probleme nachher außerordent=
lich förderlich war.

Diese fünffache Anlage und Ausbildung, die er ins
Handwerk mitbrachte, als er mit schöpferischem Ehr=
geiz zu philosophieren begann, können als dasjenige
Gerüst und Gestühl bezeichnet werden, von wo aus sich
der Gerichtstag über Leben und Nicht=Leben vollzog
— und diesen Richterthron des Dionysos bestieg Nietz=
sche, als er ihn gezimmert hatte, selbstherrlich und un=

bekümmert und lud vor ihn alle irdischen Erscheinun=
gen zur Verantwortung.

2. Das Wesentliche in Nietzsches Denken

Diese Rechtsprechung über Echtheit und Unechtheit
angeblicher Lebensvorgänge ist der Inhalt von Nietz=
sches Philosophie. Betrachtet man sie von diesem
Standorte aus, dem einzigen, von dem aus eine solche
Betrachtung zulässig ist, so kommt sie nicht zu kurz —
denn dann erscheint sie streng einheitlich, als geschlos=
senes System. Dieses System Nietzsches wollen wir im
Grundriß aufzeichnen.

Die zahlreichen Kreuzungen und Überschneidungen
bei Nietzsche sind perspektivischer Natur, d. h. sie fallen
auf den Leser zurück, wenn dieser nicht den Standpunkt
einnimmt, der ihn als Beurteilenden vor Täuschungen
bewahrt. Dieser Standpunkt wird aufgefunden am
Unterschied „Dionysos“ und „Sokrates“. Denn auch
das Un= und Gegendionysische hat Nietzsche, obwohl er
ja damit die Begriffswelt selber meint und also nichts
verderben würde, unter einem sinnbildlichen Sprach=
zeichen eingeführt: er nennt es das Sokratische. Auf
diese Unterscheidung gründet sich sein Werk, und
dieses kennzeichnet sich als der Kampf des Lebens gegen
den theoretischen Menschen. Die erste, bereits ent=
scheidende Schlacht wird angeboten und geliefert in
jenem Mittelstück des Erstlingswerkes: Geburt der Tra=
gödie Nummer acht bis fünfzehn, die er mit fünfund=
zwanzig Jahren in seiner Wohnung, Schützengraben 45
(heute 47), in Basel verfaßte und unter dem Titel So=
krates zunächst auf seine Kosten als Handschrift für

Freunde — und eben namentlich für Richard und Co=
sima Wagner drucken ließ.

In jenen spärlichen Druckseiten hat Nietzsche das No=
limetangere der europäischen Kultur, das letzte und
höchste Ziel aller bisherigen Erkenntnis in Frage ge=
stellt: die Wahrheit. Sie schwebte bislang wie ein
leuchtendes Phantom über dem Leben. Das darf sie
nicht, sagt Nietzsche. Sie muß dem Leben einverleibt
bleiben als eine seiner Kundgebungen, als eine seiner
Masken — und vermutlich als seine gefährlichste.
Diese Maske reißt er mit frevler Hand dem weisesten
und größten Griechen vom Gesicht. Er entlarvt So=
krates, den Verräter und Mörder des dionysischen Le=
benstriebes. Mit der vernünftigen Lebensführung hat
das Leben seinen Wurmstich erhalten. Nicht vom Ge=
danken lebt das Leben, sondern vom kreisenden Blute
und seinem Pulsschlage. Logik ist Lebensfeindschaft, Er=
kennen dünkelhafte Überheblichkeit jener Tierart mit
überzüchtetem Gehirn, die sich die Menschheit heißt.
„In irgendeinem abgelegenen Winkel des in zahl=
losen Sonnensystemen flimmernd ausgegossenen Welt=
alls gab es einmal ein Gestirn, auf dem kluge Tiere
das Erkennen erfanden. Es war die hochmütigste und
verlogenste Minute der ‚Weltgeschichte‘. Nach wenigen
Atemzügen der Natur erstarrte das Gestirn und die
klugen Tiere mußten sterben.“ So beginnt jener nach=
gelassene, hervorragende Aufsatz aus dem Jahre 1873,
betitelt: „Über Wahrheit und Lüge im außermorali=
schen Sinne“, wobei Nietzsche meinte, mit einer der=
artigen Fabel sei nicht genügend ausgemalt, wie kläglich,
wie schattenhaft und flüchtig, wie zwecklos und be=

48

lieblg sich der menschliche Intellekt innerhalb der Natur
ausnimmt. Es gab Ewigkeiten, in benen er nicht war
— und wenn es mit ihm vorbei ist, wird sich nichts
begeben haben. Denn es gibt für den Intellekt keine
Bestimmung, die über das Menschenleben hinaus=
führte. Es ist aber lächerlich und von vornherein aus=
sichtslos, wenn der Mensch sich so gebärdet, als be=
säße er mit seiner Sonderliebhaberei des vernünftigen
Denkens und Handelns ein Allerweltswerkzeug von
kosmischem Ausmaße! Als ob sich in unserem Ver=
stande die Angeln der Welt drehten! Der Schalk und
Übeltäter, der wenigstens der europäischen Menschheit
diesen Floh hinters Ohr gesetzt hat, ist niemand anders
als der weise Sokrates, der uns einredet: das mensch=
liche Schicksal liege im menschlichen Verhalten. Mit=
hin hat Nietzsche die entscheidende Losung „Jenseits
von Gut und Böse" schon als junger Basler Professor
mit aller Schärfe herausgegriffen. Alle wesentlichen
Erkenntnisse in dieser Richtung finden sich im ersten
Bande der Taschenausgabe vereinigt, kommen mit=
hin nicht unter das Jahr 1873 zu liegen und sind also
auf Basler Boden heimisch. Die Tatsache bleibt er=
staunlich, daß in jenen paar Anfangsjahren seiner
Lehrtätigkeit die Kraft zum Durchbruch einer solchen
grundstürzenden Erkenntnis ausreichte.

Was besagt nun aber Nietzsches Angriff auf den
theoretischen Menschen? Was für eine Berechtigung
steht seinem aufrührerischen Vorgehen zu, die Fahne
der Empörung gegen die menschliche Moral zu entfal=
ten? Es mag genügen, kurzer Hand das Schema des
Menschen hinzustellen, das Nietzsche voraussetzt, ohne es

in dieser Gedrungenheit und Rundung schon selber aus=
gebaut zu haben: es ist der Homo duplex, der Mensch
mit den zwei übereinanderthronenden Stockwerken des
Geistes und der Triebe. Dieses Doppelwesen, als wel=
ches der Mensch über die Erde geht, besteht nun aus
zwei in sich verwachsenen, und doch sich widerstrebenden
und bekriegenden Schichten: aus der Unterschicht — das
ist die Seele, und zwar die im blutdurchströmten leben=
digen Körper sich darstellende Leibseele — und aus der
Oberschicht, das ist der Geist, d. h. der gesamte zweck=
setzende, ordnende und handelnde Apparat des mensch=
lichen Verstandes und Willens. Der eigentliche Sitz
des wahren und entscheidenden Erlebens ist nun nicht
etwa die obere (solare) Klarschicht, sondern die untere
(tellurische) Dumpfschicht. Sie ist der unaufgeklärte,
zugedeckte Behälter der Instinkte und deckt sich im gro=
ßen und ganzen mit dem, was wir heute unter dem
Unbewußten oder dem Unterbewußtsein verstehn. Und
ist zugleich die weibliche, lebensnähere Seite der Men=
schennatur. Nun hat Nietzsche, der ja dann mehr oder
weniger unter die Weiberhasser gegangen ist, in einer
Niederschrift schon des Jahres 1871 — zweifellos im
Banne Bachofenscher Gedanken — folgende schöne Aus=
sage getan, an die in der Zeit des Frauenstimmrechts
zu erinnern einiger Anlaß besteht: „Das Weib be=
deutet für den Staat, was der Schlaf für den Menschen.
In seinem Wesen liegt die heilende Kraft, die das Ver=
brauchte wieder ersetzt, die wohltätige Ruhe, in der sich
alles Maßlose begrenzt, das ewig Gleiche, an dem sich
das Ausschreitende, Überschüssige reguliert. In ihm
träumt die zukünftige Generation. Das Weib ist mit

der Natur näher verwandt als der Mann und bleibt
sich in allem Wesentlichen gleich. Die Kultur ist hier
immer etwas Äußerliches, den der Natur ewig getreuen
Kern nicht Berührendes. Deshalb durfte die Kultur des
Weibes dem Athener als etwas Gleichgültiges, ja als
etwas Lächerliches erscheinen." So führt auch eine
nebenabstehende Stelle wie diese mitten ins Herz der
Nietzscheschen Anschauungen. Immer und wo es sei,
kommt es ihm nur auf das eine an, daß das Leben,
das zu führen der Mensch sich rühme, kein Schein=
leben sei: gewahrt bleiben müsse auf alle Fälle der
Zusammenhang zwischen dem Weltall und dem winzi=
gen Infusorium, Mensch genannt. Auf nichts anderes
will Nietzsche hinaus mit seiner unabläſſigen Betonung
der inſtinktiven und intuitiven Unterlagen menſchlicher
Regungen, als eben stets auf das nämliche: nur ja dem
Aberwitz steuern, mit dem die berüchtigten Kulturfort=
schritte und alle die Rekordjagden der Zivilisation uns
um das Wichtigste und Entscheidende bringen, womit
auch der Wilde des Urwalds übertünchte Europäer je=
derzeit beschämt: um die Unschuld und magische Not=
wendigkeit des Erlebens.

Die bewegliche und inbrünstige Bitte — später die
Bitte Zarathustras —: im kosmischen Sinne Lebe=
wesen zu bleiben und teilzunehmen an dem Kreislauf
der planetarischen Ströme, an dem der kleine Stern,
auf dem wir leben, seinen Anteil, seinen Pflichtteil
zu nehmen habe, das ist das Wesentliche an Nietzsche.

3. Die Grundlage einer modernen Metaphysik

Dieses Wesentliche, das in Nietzsches unablässiger Lebensfürsprache sich ans Licht und in den sprachlichen Ausdruck emporrang, wird sich auch als das Bleibende erweisen in seiner philosophischen Wirkung um der Möglichkeit willen, es zur Grundlage einer wirklichen „Wissenschaft vom Leben" auszubauen, (wie das zur Zeit durch Ludwig Klages in kühner und fesselnder Weise versucht wird). Nietzsche selbst spricht von jenen sieben ersten Basler Jahren als von seiner „metaphysischen" Periode in der hellsichtigen und völlig zutreffenden Unterscheidung von seiner alsbann einsetzenden psychologischen Periode, die kurz vor seinem Urlaub in Sorrent beginnt. Ja er hat in jener Zeit von 1869—1876 als sein Empfängnis eine richtige Metaphysik in sich getragen — eine runde geschlossene Zur-Schaustellung der Seele unter der glatten Glaswölbung einer ersten schriftstellerischen Leistung (Geburt der Tragödie, Die Vier Unzeitgemäßen sowie die gleichzeitigen Nachlaßschriften). Es war auch in jener ersten Zeit noch keineswegs eine psychologische Virtuosität, wie später, was ihm das aufhorchende Ohr der Umwelt sicherte, sondern eben der echt metaphysische Charakter seiner Botschaft. In Hinsicht auf die werbende so gut wie auf die abstoßende Kraft.

Nietzsches werbende metaphysische Kraft! Sie bewies ihre magnetische Eigenschaft vor einer erlesenen Zuhörerschaft bereits am 28. Mai 1869 in der Antrittsvorlesung, gehalten in der Basler Universitätsaula über „Homer und die klassische Philologie". Da war von un-

52

gefähr auch die Rede von der „Macht des Instinkts als der holdesten Wagenlenkerin", von der „Kunst als der schönsten Verführerin zum Leben", von der „kulturhistorischen Wertbestimmung als des Zentrums für eine philosophische Weltanschauung, in der alles Einzelne und Vereinzelte als etwas Verwerfliches verdampft und nur das Ganze und Einheitliche bestehen bleibt". Der Begriff der Kultur, der damit in der öffentlichen Verkündigung die Führung übernahm, war ja nicht das Hinterste und Letzte, was Nietzsche lehrend schenkte — dieser sein Kulturbegriff war von innen her metaphysisch erleuchtet, wurde durchwirkt und sinnbildlich verwandelt durch sein schöpferisches Lebensgefühl. Es war es, was zauberhaft auf die Empfänger seiner Mitteilungen wirkte und ihm die ersten aufrichtigen Leser und Anhänger zuführte.

Umgekehrt bewies sich Nietzsches abstoßende metaphysische Kraft in seinem instinktiven Verhalten gegen die ihn umgebenden sozialen Zeiterscheinungen. Kultur sollte der große zusammenfassende Bogen sein, der alle Facharbeit in Wissenschaft und Kunst überspannte und mit einem mächtigen Verwandtschaftsbewußtsein untereinander verband. Nun ist aber gerade in jenen Jahren und gerade in der Schweiz dieses Losungswort „Kultur" auch von andrer Seite begeistert erklungen und zwar im Gegensatze zu dem feinen, hellen Worte eines hingerissenen Gelehrten nicht mit leiser Solostimme — nein, geräuschvoll aus hundert rauhen Kehlen, in vielstimmigem Massenchore als Programm des politischen und namentlich des kirchlichen Fortschritts. In seine letzten Unmöglichkeiten verfolgt führt dieser

Kulturschrei der Masse zur Karikatur: Nietzsche sei=
nerseits blieb die gegenteilige Einseitigkeit nicht schul=
dig. Er mußte dem ihm verhaßten Kulturplebejer nicht
anders auszuweichen als durch seinen ausgeprägten
Geistesaristokratismus mit allen Übertreibungen der
Vornehmheit. Die demokratische Lösung der Kultur=
probleme hat er schroff abgelehnt und hat bereits in sei=
nem Erstling die Volksseele als ein Phantom oder dann
verächtlich als eine taumelnde Närrin im Strohkranze
behandelt. Er fühlte sich Herold der Kultur ausge=
sprochen nur im Sinne einer volksfeindlichen Persön=
lichkeitspflege. Und nur eine Gemeinschaft eben solcher
gepflegter Persönlichkeiten ist ihm Kultur.

So sehen wir denn das dionysische Wesen, das in
Nietzsche durch Geburt und Bildungsgang zum Austrage
gelangen sollte, in seiner ersten Basler Zeit den Grund=
zügen nach vorliegen als metaphysischer Entwurf. Es
war eine Erfassung der gesamten Wirklichkeit durch
innere Anschauung.

V. Besuche in der welschen Schweiz

Nietzsche hat Frankreich späterhin an seinem südlichen
Meere besucht. Seine philosophischen Klassiker kannte
er. Das Elsaß war noch französisch, als er nach Basel
kam. Ein burgundischer Einschlag in Sprache und Um=
gangsformen der Basler Gesellschaft kann ihm nicht
entgangen sein. In Bayreuth verlor er sich in stilvoll
zärtlicher Weise an eine Pariserin, der er — sie war
verheiratet — einige wunderschöne Briefe schrieb. Zu
einem Besuche in Paris, der geplant war, ist es nicht

gekommen. Sein großes Verständnis für Frankreichs
sprachliche und philosophische Kultur, das ihm von
dorther in zunehmendem Maße erwidert wird, könnte,
sollte man vielleicht vermuten, über seine Beziehungen
zur französischen Schweiz geknüpft und ernährt wor=
den sein. Das ist nun aber nicht der Fall. Einmal
hat er sich in ihr nur während des Jahres 1876 und nur
kurz aufgehalten. Und dann lag es auch nicht im
Wesen der calvinistischen Kultur, gerade einem Nietz=
sche, etwa von Genf aus, den Weg nach Paris zu be=
reiten, wenngleich er auch an Gersdorff schreibt:
„Wenn wir uns wiedersehen, will ich Dir von Ferney,
dem Sitze Voltaires, (dem ich meine ersten Huldigungen
brachte,) erzählen, von dem glänzenden und doch wun=
derbar gebirgsnahen Genf, von der Villa Diodati, von
einzelnen Menschen, von dem besten Schuster in Genf,
(einem berühmten Communard,) von dem Concert po-
pulaire, in dem meinetwegen die Benvenuto=Cellini=
Ouvertüre von Berlioz gemacht wurde... Ich erfahre
es, welchen Einfluß ich jetzt schon habe und würde mich
selbst nicht nur, sondern viele mit mir wachsende Men=
schen schädigen oder vernichten, wenn ich schwächer oder
skeptisch werden wollte." Seine persönliche Bekannt=
schaft in Genf beschränkt sich freilich auf den damali=
gen städtischen Kapellmeister Hugo von Senger, einen
Deutschen. Zur einheimischen Gesellschaft Genfs besaß
er bei seinem Besuche nicht die geringste Verbindung.

Vorher hatte er bei Montreux einen etwas frostigen
Frühlingsaufenthalt gemacht — in der „Printanière"
bei Chillon, allwo ihm das alte Schloß im See als
Vordergrundskulisse in der heroischen Landschaft diente.

Von dort schrieb er an Overbeck: „Ich steige auf und nieder von früh bis abend und bringe es zu Stunden wahren Glücksgefühls, mitten unter vielem Unbehagen — Du weißt es ja, wie meine körperlichen Leiden häufig genug den ‚moralischen‘ zum Verwechseln ähnlich sehen, und jenes Glücksgefühl ist daher auch immer etwas mehr als Abwesenheit von Kopfschmerz ... Ein Besuch in Lausanne hatte einen ganz bergamasken Charakter, mir war übel und wehe, und ich war wie erlöst, als ich wieder den Mond über Schloß Chillon erblickte und die Schneeberge Savoyens in mildkalter klarer Nacht leuchteten.“ Er stand damals unter einer großen Depression, hatte sich eigentlich auf Anraten seines Kollegen, des Chemieprofessors Piccard, in der Stadt die Kathedrale ansehen wollen, fand aber die hochgelegene nicht und irrte dafür zwei Stunden vom Bahnhof östlich am Zuchthaus und in Vororten herum. Im Herbste desselben Jahres, vor der Abreise nach Sorrent, hielt er sich einige Zeit in Bex auf, einem Gebirgsstädtchen der Waadt. So beschränkt sich seine Bekanntschaft der Südwestschweiz auf diese zwei kleinen Reisen.

Man hat sich neuestens gefragt, ob nicht Beziehungen von Nietzsche zu Henri Frédéric Amiel aufzuweisen seien, jenem Genfer Dichter-Denker, der eine hinreißende Schweizer Marseillaise gedichtet hat („Roulez, tambours!“) und als Verfasser des „Journal intime“ zur Not als grübelnder Selbstzergliederer mit Nietzsche verglichen werden kann. Doch ohne irgendwie dessen Radikalismus besonders in der Stellung zum Religionsproblem zu besitzen, weshalb es auch mehr als fraglich wäre, ob sie im Falle der nicht nachzuweisenden

perſönlichen oder auch nur literariſchen Bekanntſchaft
ſich auch nur von ferne angenommen hätten.

VI. Die Krankheit

Nietzſches Gedankenbau war in einer erſten Faſſung
errichtet und zuſammengefügt. Er bedeutete die Er=
niedrigung der „Wahrheit“ und die Erhöhung der „Il=
luſion“. Schärfer gefaßt kann man ſagen: er hat den
Begriff als Lebensausdruck abgeſetzt und an ſeine Stelle
im weiteſten Sinne des Worts das Bild treten laſſen.

Weniger ſcharf, aber doch noch im allgemeinen zu=
treffend, darf man von einem Abtauſch der ethiſchen
Weltbetrachtung an eine äſthetiſche ſprechen. In die=
ſem allem iſt ſich Nietzſche, bis ihm die Feder entſank,
unverbrüchlich gleich geblieben. Im Hinblick auf
die Mitteilungsweiſe jedoch hat ſich der Anblick
ſeines Syſtems verändert. Es bot ſich erſt dar
unter dem Vorzeichen der Reife und Ruhe. Das war
allzu früh und künſtlich angeſichts der Jugend des Ver=
faſſers. Und doch hatte es wieder mit dieſer erſtaun=
lichen Ruhe und Reife ſeine Richtigkeit, weil eben an
der genialen Begabung, an der prädeſtinierten Ein=
gebungs= und Empfängniskraft für das geſamte Le=
bensproblem bei Nietzſche ſchlechterdings kein Zweifel
mehr beſteht. Was hat ſich alſo verändert? Das We=
ſentliche nicht. Ja, iſt aber der Ausdruck nicht gerade
bei Nietzſche ein nicht zu vermiſſender Beſtandteil des
Weſens? Gewiß iſt er das. Und eben darum wollen
wir uns hüten zu ſagen, nur die Art ſeiner Mittei=
lung, ſein Vortrag habe ſich geändert. Vielmehr

wenden wir es so: das Wesentliche an Nietzsche bleibt
sich immer gleich treu. Aber da dieses Wesentliche sel=
ber nicht Zustand sondern Wandel ist, so tritt es uns nun
von einer neuen Seite entgegen. Insofern — aber
auch nur mit dieser Einschränkung — kann bei ihm
vom Jahre 1876 an von dem Eintritt in einen neuen
Abschnitt die Rede sein. Wie er ja selbst vom dama=
ligen Abschluß seiner „metaphysischen Periode“ redet.
Aber daß es damit auch um die metaphysische Problem=
einstellung als solche geschehen wäre — das wäre der
verhängnisvollste Irrtum, der uns mit unterlaufen
könnte. Es hat sich mit Nietzsche damals allerhand
Entscheidendes zugetragen. Begebenheiten seelischer
Art, wie sich von selbst versteht. Da aber bei ihm See=
lisches immer auch ein Leib=Seelisches ist, so beruht die
große Rolle, die in den Briefen jener Zeit sein körper=
liches Befinden spielt, weder auf Hypochondrie noch
auf übertriebener Selbstrücksicht. Wir dürfen uns einen
kurzen Blick auf seine Krankheit nicht erlassen.

Das Offenbarende seiner wechselnden Körperzustände
besteht in der Doppelwesenheit seiner eigenen Person.
Ihm entströmten metaphysische Aufschlüsse über das
Leben, weil er ein metaphysischer Mensch selber war.
Das Unterbewußte als Behälter der Instinkte war bei
ihm nicht verkümmert, wie bei den meisten Modernen.
Er, einer der gescheitesten Köpfe der Zeit und überdies
als scharfsinniger Logiker allen überlegen, wird be=
fallen von einem unüberwindlichen Mißtrauen gegen
die menschliche Gehirntätigkeit, die in seinem Geiste
einen wahren Triumph feiert. Ah, sagten wir's nicht,
folgert nun die gesamte Hochwohlweisheit unserer

Tage: das ist doch nicht normal. Und dieser Mann
soll sich nicht widersprochen haben! Tut es an Geist
jedem zuvor — und erklärt den Geist für lebensfeind-
lich! Kann man sich den Ast, auf dem man sitzt, zünf-
tiger absägen, als Nietzsche das als Denker tut? Und
da er sicher nicht dumm war, muß er krank gewesen
sein. Ist ja auch später richtig um den Verstand gekommen. Gehirnkrank also! Jedenfalls ist das nicht
normal — und so kann denn auch Nietzsches Philosophie nicht ernst genommen werden —: sie ist ihrer
Substanz nach nicht gesund... Man sieht, bei der Bewertung von Nietzsches Philosophie ist die Frage nach
seiner Krankheit in der Tat ausschlaggebend. Und da
hiezu Ärzte zuständig sind, so wird man sich nach den
ärztlichen Gutachten umsehen. Es fehlt daran nicht.
Leider hat als Erster der Leipziger Nervenarzt Möbius
mit nicht zu übertreffender Plumpheit zugefaßt und
der rachsüchtigen Beschränktheit aller Bildungsphilister
eine wissenschaftliche Scheinrechtfertigung für ihre öden
Angebereien untergeschoben. Zum Glück nicht ohne im
Kreise seiner Fachgenossen selbst die verdiente Zurück-
weisung zu finden. Ein schwedischer Arzt, Paul Bjerre,
nahm die These, Nietzsche sei an progressiver Paralyse
zugrunde gegangen, mit anerkennenswerter Offenheit
auf und führte sie nun durch vom Standpunkte nicht
sowohl des Fachmannes als des anständigen Menschen.
Seine fesselnde Schrift: „Der geniale Wahnsinn. Stu-
die zu Nietzsches Gedächtnis" erweitert zwar nicht den
sensualistischen Gesichtskreis der Untersuchung; aber die
metaphysische Prämisse, ohne die niemand straflos über
Nietzsche urteilt, klingt doch genügend an, wenn er nun

über dem Grabhügel des elend verendeten Paralytikers
die Ehrentafel aufrichtet: „Die Ewigkeit wächst
Heil dem, in dessen Innerem die Ewigkeit verborgen
liegt!"

Wir selbst erlauben uns, der ärztlichen Seite an
Nietzsches Krankheit den entscheidenden Aufschlußwert
nicht einzuräumen, wie das die heutige Bildung gedan=
kenlos verlangt. Gewiß ist uns das Ja oder Nein des
Mediziners wichtig, aber nur als Antwort auf eine
Vor= oder Nebenfrage. Die Hauptfrage über das an=
geblich pathologische Wesen Nietzsches muß methodisch
einwandfrei gestellt werden, und das geschieht nur aus
der einen Erwägung heraus: wenn Nietzsche metaphy=
sisch einzureihen ist, dann sind die kongruenten Fälle
für seine Krankheit nicht in den Narren und Siechen
unserer Irrenhäuser zu suchen, obwohl er vorüber=
gehend selber deren Gast gewesen ist. Ja aber, wenn
nicht das, wo dann? Gibt es Analogien für Nietzsches
Krankheit anderswo? Wir dächten, in der großen Gei=
stesgeschichte der Menschheit! Nietzsche hätte den Apostel
Paulus nicht so umständlich und innig mit seinem Hasse
verfolgt, wenn es sich nur um die allerdings funda=
mentale Meinungsverschiedenheit und nicht vielmehr um
eine ebenso tiefgreifende Wesensgleichheit gehandelt
hätte. Ein Umstand, der Nietzsche selbst verborgen blei=
ben mußte, wie er ja auch seine eigene metaphysische
Doppelnatur nicht gegenständlich begreifen konnte. Wir
andern aber kommen um die Ähnlichkeit des Falles nicht
herum. Wie Nietzsche war auch Paulus „nicht ganz
normal". Sein „Pfahl im Fleisch", der ihm genau
dieselben Beschwerden verursachte, aber auch dieselben

ſeeliſchen Aufklärungen beſcherte, war vermutlich nicht
ein von außen eingedrungener Giftkeim, wohl aber ir=
gendeine unheilbare Fallſucht oder Angſtneuroſe. Bei
beiden iſt die Form der Erregung nebenſächlich — ent=
ſcheidend iſt das Doppelſpiel ihrer menſchlichen Anlage
— ihre humane Duplizität. Dieſer Zweiſeelemenſch —
der Anthropos dipsychos —, den wir aus der Bibel
kennen, weil er in ſeiner pauliniſchen Färbung das ganze
Neue Teſtament durchwirkt, erfährt im ſiebenten Ka=
pitel des Römerbriefs ſein ergreifendes Innengemälde.
Wörtlich genommen ein abſtoßendes Zerrbild für den
an Nietzſche leibſeeliſch geſchulten Blick! Sobald man
jedoch die Vorzeichen wechſelt, das Mehr an das Minder
tauſcht und die gnoſtiſch=pneumatiſche Beleuchtung durch
eine rein pſychiſche erſetzt, dann wird man unheimlich
überraſcht, wie treffend hier der Nietzſcheſche Zwieſpalt
zwiſchen „Dekadenz“ (ſtatt „Sünde“) und der „Le=
benskindſchaft“ (an Stelle der religiöſen Gotteskind=
ſchaft) ſeine Schilderung findet. Mit derſelben uner=
hörten Wucht haben Paulus wie Nietzſche ſich den Um=
klammerungen des „Geſetzes“ entzogen und ſich ſieghaft
in das Reich der „Freiheit“ erhoben. „Denn Leben iſt
der Inſtinkt zur Freiheit,“ ſagt Nietzſche einmal. Und
ſo iſt denn Paulus nicht anders als Nietzſche „Immora=
liſt“ in allen Anwendungen ſeiner Theorie auf die
lebendige Wirklichkeit. Je länger deſto weniger wird die
unbefangene Religionsforſchung dieſe überraſchende Pa=
rallele verkennen. Was verſchlägt es da, daß man ach=
ſelzuckend beiläufig bemerken kann: Was wollt ihr —
es ſind zwei Kranke. Wer ſpricht heute von Paulus
besſwegen, weil er nicht „geſund“ geweſen ſei. Was

heißt überhaupt, in metaphysischer Übertragung, „Ge=
sundheit"? Daß einer am fallenden Weh litt oder Ka=
tatoniker oder Syphilitiker war? Paulus hatte keinen
grimmigeren Feind als Nietzsche — aber Nietzsche hat
sich, unbewußt, im Besitze seiner untrüglichen Instinkt=
sicherheit gehütet, Paulus um seiner Krankheit willen
anzugreifen. Das Christentum fälscht und schwärzt das
helle und strömende Leben! Aus welchen Ursachen das
geschieht, beschäftigt Nietzsche erst in zweiter Linie. So
mögen sich denn gerade die christlichen Nietzschebekämp=
fer wohl überlegen, wen sie mit treffen in ihrer Be=
schuldigung, Nietzsche sei von Sinnen gewesen.

Über den klinischen Befund von Nietzsches Krankheit
fassen wir uns kurz. Nach einer psychiatrischen Ein=
tragung zu Jena hätte sich Nietzsche in seinem zweiund=
zwanzigsten Jahre eine venerische Ansteckung zugezogen.
Diese Auffassung wurde im Übereifer an die große
Glocke gehängt. Es ist aber nur gelungen, sie, des so=
genannt atypischen Verlaufes wegen, in Frage zu stel=
len, nicht aber sie durch bündige Widerlegung aus der
Welt zu schaffen. Dazu ist, gerade von der Seite, die
über Nietzsche wachen will, Entscheidendes (z. B. die
Leichenöffnung) versäumt worden. Eine stillschweigende
Meinung über die Krankheitsursache steht also in der
erwähnten Richtung frei. Doch wird man es begrüßen,
daß so wenigstens eine hauptsächliche Versuchung aus
dem Bereiche der stichhaltigen Gründe ausscheidet, über
Nietzsche schulmäßige Ansichten entscheiden zu lassen und
nicht sein Werk. Wir müssen daran festhalten: ob Seu=
che oder nicht Seuche —, von Nietzsche liegen zwanzig
Bände vor, die einer ihrer genauesten Kenner als ein

wahres Bergwerk bezeichnet; Generationen vermöchten nicht, den Reichtum dieser Schächte völlig zutage zu fördern.

Und so begnügen wir uns denn, eine wichtige und äußerlich harmlose Folge seiner unaufhörlichen Krankheitsanfälle hervorzuheben, die gleich nach Ausbruch des Wahnsinns die jetzt vergessene, begeisterte Flugschrift von Ola Hansson in die Worte faßte: „Nietzsche verfaßte alle seine späteren Werke stehenden Fußes in der freien Luft, während seiner Spaziergänge im Schweizergebirge oder ruhend in einer italienischen Landschaft. Da hielt er in Worten auf den losen Blättern seines Taschenbuchs all das bunte Gewimmel von Gedanken, Einfällen, Gesichten und Aperçus fest." Es ist also letzten Endes die durch sein häufiges Kranksein veranlaßte Lebensweise gewesen, die ihm den Aphorismus d. h. den Spruchsetzen, der sich in eine Pfingstzunge verwandeln konnte, als ständiges Ausbrucksmittel geläufig werden ließ, nachdem er nach gelehrter Art seine Metaphysik zunächst einmal in der Form breiterer Abhandlungen hingelegt hatte. Zur Probe noch einen kurzen Krankheitsbericht von ihm selbst, wie solche sich in seinen Briefen häufig finden. „Liebster Freund, ich habe das schlimmste, schmerzhafteste und unheimlichste Weihnachten hinter mir, das ich erlebt habe. Am ersten Weihnachtstage gab es nach manchen immer häufiger kommenden Ankündigungen einen förmlichen Zusammenbruch: ich durfte nicht mehr zweifeln, daß ich an einem ernsthaften Gehirnleiden mich zu quälen habe, und daß Magen und Augen nur durch diese Zentralwirkung so zu leiden

hatten. Mein Vater starb, 36 Jahr alt, an Gehirnent=
zündung: es ist möglich, daß es bei mir noch schneller
geht. Nun werden mehrstündige Eiskappen, Übergie=
ßungen auf den Kopf frühmorgens angewendet, und
es geht nach einer Woche von gänzlicher Erschlaffung
und schmerzhafter Zerquältheit wieder etwas besser.
Doch ist es nicht einmal Rekonvaleszenz, der unheim=
liche Zustand ist nicht gehoben." So meldet er aus
Basel 1875 sein Befinden. Der Zustand, wie er ihn da=
mals und auch sonst noch unzählige Male durchmachte,
ist keineswegs übertrieben geschildert. Merkwürdig
bleibt, wie ihm bei alledem immer wieder eine solche
Schaffenskraft zurückkehrte. Halbblind, vom Kopf=
schmerz betäubt, schlaflos hat er oft seine Tage und
Wochen hinbringen müssen — und hat sich dann, als
hätte sich in solchen Erschlaffungen Kraft aufgespei=
chert, manchmal in erstaunlichem Maße schöpferisch ent=
laden. Man möchte danach sich fast verleitet fühlen zu
schließen: er sei kerngesund und nur außenburch krank
gewesen. Im Kerne floß ihm das Leben unangetastet
in ungehemmter Wogung, während das äußere Siech=
tum nur eine Rinde benagte.

VII. Die letzte Basler Zeit

Im Jahr 1876/77 wurde Nietzsche aus Gesundheits=
gründen ein Urlaub gewährt, den er in einem kleinen
Zirkel zu Sorrent in Unteritalien verlebte. Einer seiner
Basler Hörer, der Student Albert Brenner, lungen=
leidend, gehörte dazu. Den Haushalt führte das alte
Fräulein Malvida von Meysenbug, die Freundin des

Haufes Wagner. In dieser Zeit war es um Nietzsches
Freundschaft mit Richard Wagner geschehen, den er eben
dort zum letzten Male in seinem Leben sah. Und dann
wird der Eintritt der neuen Periode seines Schaffens
bezeichnet durch eine an sich nicht bedeutende persönliche
Berührung.

1. Der Réealismus

Der vierte Kopf der Hausrunde von Sorrent war ein
positivistischer Philosoph: Dr. Paul Rée. Er hatte Nietz=
sche schon in Basel aufgesucht und ihn da durch ein ano=
nymes Büchlein verblüfft, betitelt: „Psychologische Be=
obachtungen". Diese Schrift war selber ohne nennens=
wertes Gewicht. Aber hier vernahm Nietzsche auf ein=
mal ein Echo auf einsamste, verborgenste Gedanken, die
er, als ringsum alle Welt ihn als Erzieher zu einem
neuen deutschen Idealismus ausersah, heimlich in sich
rege werden spürte. Und dieses Neue in ihm läßt sich
als das entschlossene Mißtrauen gegen jeden Idealis=
mus bezeichnen. Die Motive aller unserer Handlungen
ist die Selbstsucht. Wohl kannte ja Nietzsche seine fran=
zösischen Moralisten Montaigne, La Rochefoucauld,
Vauvenargues von Grund aus. Aber er war bis dahin
nicht ihresgleichen gewesen. Nun kam ihre Art zu seiner
Art — in der Form durch den Wortspruch, im Inhalt
durch den spitzen Gedanken. Den tatsächlichen Kontakt
bewirkte die persönliche Vermittlung durch jenes an sich
unwichtige Büchlein Rées — es trat wirklich ein
Neues in Nietzsche auf, das mit dem Witze „Réealis=
mus" besonders auch nach der Zufälligkeit des äußeren
Anlasses nicht ungeschickt benannt ist. Wir bezeichne=

ten seine erste Gedankenwelt, als läge sie abgeschlossen und ablesbar gleichsam unter einem Uhrglase. Das Büchlein Rées war der zufällige Anstoß — und jenes Uhrglas ging in Scherben. Mehr bedeutete Rée für Nietzsche kaum — recht besehen wird man auch zugeben: eben deswegen bedeutete er ziemlich viel für ihn.

Das „Réetum" ist denn auch gleich von den alten Freunden, Wagner, Rohde, Overbeck eifersüchtig überschätzt und ihm eine Bedeutung beigemessen worden, die es nie besaß. Aber es war eine Flagge — ein Signal, den inneren Aufstieg stärkerer Verwandtschaften verkündend: die klassische französische Moralkritik, auch Engländer, am stärksten und heimlichsten Max Stirner! Hell und klar wurde es nun in Nietzsche, aber auch kalt, wie am Pole. Es waren nicht nur Glassplitter, die klirrten und verwundeten — „die Ideale wurden auf Eis gelegt und mußten erfrieren". Das „Genie" wurde in den Staub getreten — für gewöhnliche, unterscheidungsunfähige Ohren tönte es nun auf einmal höchst „zeitgemäß". Der Umschwung zum modernen Menschen schien sich restlos zu vollziehen. Nietzsches geistige Werkstatt gewährt nun den Anblick eines chemischen Laboratoriums — da wurden die menschlichen Gefühle in Tiegel und Retorten getan und analytisch dargestellt. Nietzsche bekannte Farbe — er legte nicht nur den roten Heroldsmantel des Idealismus ab, auch den grauen Rock des Skeptikers streifte er von sich. Er erklärte sich sehr nackt und eindeutig: und die Atheisten, Materialisten, Darwinisten, Monisten und Diesseitler nickten sich überrascht und befriedigt zu:

„Sie kommen alle — sogar Nietzsche kommt!“ Äußer=
lich, ja: „Ein Buch für freie Geister“ folgte den „Un=
zeitgemäßen“. Und es verstärkte beträchtlich den Ton
des Aufruhrs, des Niederreißens, der Ehrfurchtlosig=
keit, die Europa bereits erfüllte, — ätzend ergoß sich die
Schale des Hohnes über alles Heilige aus. Aus dem
priesterlich ernsten Erzieher und Einführer war ein rück=
sichtsloser Spötter, ein verletzender Zyniker geworden.

So sah es aus — so empfanden es tiefverletzt und fas=
sungslos seine bisherigen Anhänger. Diese Bestürzung
war unvermeidlich bei der allzu großen Nähe und dem
Zusammenprall des unmittelbaren Erlebens. Völlig
anders erscheint es uns heute. Wir verwechseln nicht
länger eine rein monologische Kundgebung mit einem
lärmenden Manifest an das Publikum. Vergessen wir
es nicht: Nietzsches Wesen ist ein Wandel in sich selbst
gewesen. In seiner letzten Basler Zeit kehrte es seine
intellektualistische Seite heraus — seine echte und tiefe
Wahrhaftigkeit wendete sich mörderisch gegen sich selbst.
Es hatte den Anschein, als wolle er sein Bestes zerstö=
ren. Und doch war dieses ganz anders geartete erste
Aphorismenwerk, dem er den aufschlußreichen Titel
gab: „Menschliches Allzumenschliches“, gar kein Ab=
weg, nicht einmal ein Umweg, sondern eine Fortset=
zung in der kürzesten Linie, wenn diese auch die Form
einer Kurve annahm. Seine Metaphysik hat ihn nicht
etwa verlassen, sie hat sich innerlich gelockert und aus=
wärts verteilt. Seine geniale Intuition hat sich in die
Epidermis und Nervenspitzen hinausgewagt und die
ganze Oberfläche durchdrungen. Aus dem Metaphy=
siker ist der Psychologe geworden.

2. Physiologische Psychologie

Nichts bei Nietzsche, mag es noch so eisig und mit=
leidlos vernichtend auf uns wirken, hat sprachlichen
Ausdruck gewonnen ohne „aus der tiefsten Glut meta=
physischen Schauens gespeist“ zu sein. Anderseits ist
Nietzsche schon von allem Anfang an Psychologe mit ge=
wesen, ehe er als Meister der Seelenzergliederung vor
uns hintritt. Dies ist nun im zweibändigen Aphoris=
menbuche aus dem Ende der siebziger Jahre in groß=
artiger Weise der Fall. Da tritt seine psychologische
Kunst, die sonst hinter ihrer Teil=Stimme am Pult im
Orchesterganzen seiner Philosophie sitzt, sozusagen soli=
stisch auf. Sie steht auf eigenen Füßen vornedran, läßt
sich konzertierend vernehmen und alles andere bleibt
verstummend oder als bescheidene Begleitung hinter ihr
zurück. Bis er dann auch dieser Einseitigkeit müde
wird und seine Produktion das psychologische Überge=
wicht wieder ablegt. Es geschieht dies nach drei oder
vier Jahren, etwa gleichzeitig mit seiner Amtsnieder=
legung im Jahre 1879.

Es liegt nun uns ob, den Grad seiner psychologischen
Meisterschaft zu bestimmen, die er innerhalb dieser Frist
erreichte. Das läßt sich unschwer feststellen durch fol=
gende Erwägungen: es war tatsächlich die Zeit großen
Aufschwungs in Deutschland für psychologische Forschung.
Zumal in Leipzig, wo, außer der professoralen Tätig=
keit Wilhelm Wundts, Adolf Horwitz wirkte, der Ver=
fasser der „Psychologischen Analysen auf physiologischer
Grundlage“. Diese beiden Forscher gerieten 1879 in
einen gelehrten Streit über das Verhältnis der Ge=

fühle zu den Vorstellungen. Von alledem hat Nietzsche nachweisbar nichts gelesen oder ausführlicheres erfahren. Wohl aber wird ihm zu Ohren gekommen sein — schon deswegen, weil sein damaliger philosophischer Fachkollege Hermann Siebeck die Psychologie als seine Spezialität pflegte —, daß nun Psychologie physiologisch und experimentell betrieben werde. Das genügte Nietzsches Denkerleidenschaft, um, wie wir sahen, in seiner Innenwelt sich gleich ein solches Laboratorium einzurichten — mit der Folge, daß er rein aus sich heraus in seinem scheinbar so unwissenschaftlich nur auf geistreiche Spiegelfechterei angelegten Spruchbüchern die stichhaltigsten Ergebnisse anbot. Als da sind: er stellt das tastsinnliche Wesen der Empfindung fest, ihre Erregung durch den Reiz, zerlegt die Arten des Gefühls — der Lust und Unlust wird nun ihre universale Herkunft (eine Annahme, die ihm einst bei Zöllner Eindruck gemacht hatte), eingeschränkt, wenn nicht gänzlich abgesprochen, — Leidenschaft ist keine Grundempfindung mehr, der Trieb eine Sache der Übung, Inspiration gestautes Gefühl —, aber für die Charakterbildung wird doch die Vorherrschaft der Instinkte nicht preisgegeben. Vollends in der Bewußtseinskritik läßt er den Relativismus nicht überwuchern — dem Gefühl wird der Vortritt gewährt, es kann die Vernunft stürzen.

3. Bruch mit Richard Wagner

Als er nach dem in Sorrent zugebrachten Urlaube, die Aufzeichnungen zum ersten Bande von „Menschliches Allzumenschliches“ im Koffer, wieder nordwärts kehrte, erzählte er: „Als ich die Schweizer Grenze passierte, unter heftigem Regen, gab es einen einmaligen starken Blitz und Donnerschlag. Ich nahm es als gutes Omen hin, auch will ich nicht verschweigen, daß, je mehr ich mich den Bergen näherte, mein Befinden immer besser wurde. In Chiasso entfernte sich mein Gepäck in zwei verschiedenen Zügen voneinander, es war eine heillose Verwirrung, dazu noch Dogana. Selbst die beiden Schirme folgten entgegengesetzten Trieben. Da half ein guter Packträger, er sprach das erste Schweizerdeutsch; denken Sie, daß ich es mit einer gewissen Rührung hörte: ich merkte auf einmal, daß ich viel lieber unter Deutschschweizern lebe, als unter Deutschen. Der Mann sorgte so gut für mich, so väterlich lief er hin und her.“ Nietzsche gebrauchte dann eine Kur in Ragaz und begab sich in die Höhe, an den Aaregletscher ins Rosenlaulbad, wo er sich als einziger ständiger Gast wohlfühlte.

Dann siedelte er wieder nach Basel über, wo Peter Gast das Druckmanuskript zusammensetzen half. Noch hoffte er auf eine glimpfliche Wendung im Verhältnis mit Wagner und versuchte es mit einem harmlosen Widmungsverse:

> Dem Meister und der Meisterin
> Entbietet Gruß mit frohem Sinn,
> Beglückt von einem neuen Kind,
> Von Basel Friedrich Freigesinnt.

Als er aber mit sich kreuzender Post von Wagner das Textbuch zum „Parsifal“ zugesandt erhielt, war der Bruch stillschweigend da und ging um so tiefer, als

Nietzsche sich über die Schwere des Erlebnisses hinweg-
zutäuschen suchte. Erst fünf Jahre später, als Wagner
starb, brach die Wunde wirklich auf.

Im Rückblick auf jene Zeit hat er später die gewaltige Spannung, in die er geraten war, sehr treffend
erfaßt, wenn er sagt: „Die Überwindung der Metaphysik, eine Sache der höchsten Anspannung menschlicher
Besonnenheit, galt mir als erreicht, und zugleich stellte
ich die Forderung, für diese überwundenen Metaphy-
siken, insofern von ihnen die größte Förderung der
Menschheit gekommen sei, einen großen, dankbaren
Sinn festzuhalten. Aber im Hintergrunde stand der
Wille zu einer viel weiteren Neugierde, ja zu einem
ungeheuren Versuche: der Gedanke dämmerte in mir
auf, ob sich nicht alle Werte umkehren ließen,
und immer kam die Frage wieder: was bedeuten überhaupt alle menschlichen Wertschätzungen? Was ver-
raten sie von den Bedingungen des Lebens, deines
Lebens, weiterhin des menschlichen Lebens, zuletzt des
Lebens überhaupt?“ Diese großen Gedanken trugen ihn
über die letzte Basler Zeit hinweg.

Daß seine Tage im Amt gezählt seien, wollte er zuletzt einsehen und redete sich gelegentlich vor: „Ich
halte es nicht aus, ohne das Gefühl nützlich zu sein,
und die Basler sind die einzigen Menschen, welche es
mich merken lassen, daß ich es bin. Meine sehr proble-
matische Nachdenkerei und Schriftstellerei hat mich bis
jetzt immer krank gemacht. Solange ich wirklich Gelehrter war, war ich auch gesund; aber da kam die ner-
venzerrüttende Musik und die metaphysische Philosophie und die Sorge um tausend Dinge, die mich nichts

angehen. Also ich will wieder Lehrer sein; halte ich's
nicht aus, so will ich im Handwerk zugrunde gehn.
Ich erzählte Ihnen, wie Plato diese Dinge auffaßt."
So suchte in rührender Weise er, der verleumdete Zer=
trümmerer der angestammten Sittenwerte und des ka=
tegorischen Imperativs, durch sein aufsteigendes
Pflichtgefühl hintangehalten, der Bestimmung zum
Schaffen auszuweichen, vor der es für ihn doch kein
Entrinnen geben sollte.

4. Erinnerungen von Frau Overbeck

Im Haushalte seines Freundes Overbeck fand er da=
mals noch Obdach und Ohr, um sich auszusprechen.
Dessen Gattin erzählt, Nietzsche habe davon mehrmals
jede Woche Gebrauch gemacht: „Da saß er denn auf
der Chaiselangue in meines Mannes Stube oder auf
einem gewissen Sessel in der Wohnstube, mit dem
Rücken nach dem weißen Ofen zu, den Blick nach mei=
nem ihm gegenübersitzenden Manne und auf dunkle
Vorhänge gerichtet. Er selbst sprach leise mit wenig
Gesten, so sprachen auch wir, allen Lärm innerhalb
und außerhalb der Türen vermeidend ... Da ist viel
geredet worden, all sein Moralisieren wurde in der
Eulerstraße, wo wir wohnten, laut, sein Umbilden=
wollen von Gut und Böse, auf einer neuen Schätzung
des Lebens beruhend, Urteile über Christentum und
Schriftsteller — ich allein weiß genug, und bin doch
nur in bescheidener Weise dabei beteiligt gewesen. Kaum
war Nietzsche im Zimmer, so legte er los und sann
dann genießend über Rede und Gegenrede nach. Musik
und Sprache war seine Welt — nicht Sprachen, son=

dern seine Sprache, von der er nicht einmal immer
wünschte, daß sie Deutsch sei. Ich kann sagen, daß
Nietzsche im mündlichen Zusammensein mehr Andeu-
tungen wie Ausführungen gab, sehr aufmerksam
horchte und zu sich nahm. Er verstand zu hören und
aufzunehmen, aber gab sich nie ganz oder deutlich.
Es war ihm Bedürfnis, sich zwischen Verborgenem
zu halten, es war kein eigentliches Mißtrauen gegen
andere, es war mehr Mißtrauen gegen sich und die Auf-
nahme, die er fände ... Nietzsche war ein schwerkranker
Mann, der sich über die Gefährlichkeit seines Zustan-
des fortwährend in Illusion hielt, um es auszuhalten.
Er konnte sich nicht leicht harmonisch zusammenfinden,
denn alle Arbeit litt bei ihm die jähesten Unterbrechun-
gen. Jede erzieherische Tätigkeit, nach der ihn manchmal großes Verlangen trug, war deshalb ausgeschlossen. Alle paar Wochen war die Erschöpfung so vollkommen, daß alles unmöglich war. Man muß dieses
Leiden mit in die Wagschale werfen. Es legte ihm geradezu die kurze Linie auf, während ihn doch nach der
längsten verlangte. Wie oft glaubte er umlernen zu
müssen, nichts zu wissen, sich reinigen zu müssen, sich
unreinen Händen entwunden zu haben. Er lebte schließlich in der Einbildung nur noch mit der Größe zusammen. An seinen Werken und Briefen fesselt das
stark Persönliche eben doch mehr als die eigentliche
Durchführung seiner Gedanken, so viele Gedanken auch
Nietzsche gehabt hat."

Diese klugen Worte deuten in einem hohen Durch-
schnitt zugleich die Grenze an, bis zu der Nietzsche bei
Lebzeiten überhaupt von Menschen Verständnis erwar-

ten durfte. Ein solches Verständnis mochte ihm noch
am ausgeglichensten bei treugesinnten und warmher=
zigen Zweiflern erwachsen.

Daß jemand schon am Lebendigen seine metaphysische
Sendung mit klarer und vertrauensvoller Einsicht hätte
umspannen können, erscheint uns hinterher als eine Un=
möglichkeit. Ungestümem Mitgehen ging rasch der Atem
aus, und dann konnte Anhängerschaft in Abscheu um=
schlagen. Und wie will man unvollkommene Treue mit
Vorwürfen überhäufen, wenn in jener Zeit Nietzsche
selbst von sich sagte: „Ich habe das Talent nicht treu
zu sein und, was schlimmer ist, nicht einmal die Eitel=
keit, es zu scheinen." So öffnete sich ihm als beste
Freundin die Einsamkeit, aber auch in ihr fand er nur
sein Werk, nicht sein Glück, dem er irgendwie doch im=
mer noch heimlich nachtrachtete.

5. Der Rücktritt

Seine letzte Schrift aus diesen Zeiten und Umständen
überschrieb er „Der Wanderer und sein Schatten".
Das war er damals selber. Sein Lebensgefühl war am
Erlöschen. Er verließ Basel — und zu Ehren der Stadt
ist zu sagen, daß sie die offiziellen Verbindlichkeiten,
die Nietzsche an die Schweiz ketteten, würdig und wohl=
wollend löste. Der damalige baselstädtische Erziehungs=
vorsteher, ein noch lebender bedeutender schweizerischer
Staatsmann, unterschrieb ihm die Entlassungsurkunde,
in der es hieß: „Wir sprechen unsrerseits unsern wärm=
sten Dank aus für die treue Hingebung, womit Sie an
unserer Universität und am Pädagogium gewirkt haben,
solange und soweit Ihnen das immer möglich war.

74

Wir geben auch der Hoffnung Raum, daß das Leiden, das zu unserem großen Bedauern Ihrer äußeren Tätigkeit für einstweilen ein Ziel gesetzt hat, in nicht allzu langer Zeit der stillen Wirkung der Zeit und der Ruhe weichen werde. Möge Ihre Geduld nicht auf eine allzu harte Probe gestellt werden." Für einen ausreichenden Ruhegehalt, der das übliche Maß und die fiskalischen Mittel um einiges überstieg, sorgten einige Kollegen und Bürgerfamilien in diskreter Weise. Doch trug Nietzsche selbst das seinige zu dieser befriedigenden Lösung bei, indem er, hierin ein moderner Franz von Assisi, dank seiner Mäßigkeit und Anspruchslosigkeit seinen Lebensunterhalt als Hotelgast oder Chambregarnist mit zweieinhalb bis dreitausend Franken im Jahr zu bestreiten fertig brachte und dabei noch jährlich ein paar hundert Franken zurücklegte!

VIII. Die beiden ersten Engadiner Sommer (1879, 1881)

Es trieb ihn vom Rheinknie quer östlich, im längst möglichen Ausmaße, sofern Schweizergebiet in Betracht kam, an die Rheinquellen. Schon von Basel aus hatte er Graubünden für seine Sommerfrischen bevorzugt und mit Gersdorff, Romundt, Overbeck mehrere Luftkurorte — Flims, Splügen, Bergün — besucht. Jetzt entdeckte er das (obere) Engadin. Was das für ihn bedeuten sollte, enthüllt uns, besser als jede Beschreibung, sein Blatt aus dem „Wanderer und sein Schatten", betitelt: „Et in Arcadia ego." „Ich sah hinunter, über Hügelwellen, gegen einen milchgrünen See

hin, durch Tannen und altersernste Fichten hindurch:
Felsbrocken aller Art um mich, der Boden bunt von
Blumen und Gräsern. Eine Herde bewegte, streckte
und dehnte sich vor mir; einzelne Kühe und Gruppen
ferner, im schärfsten Abendlichte, neben dem Nadel=
gehölz; andere näher, dunkler; alles Ruhe und Abend=
sättigung. Die Uhr zeigte gegen halb sechs. Der Stier
der Herde war in den weißen, schäumenden Bach ge=
treten und ging langsam widerstrebend und nachgebend
seinem stürzenden Laufe nach; so hatte er wohl seine
Art von grimmigem Behagen. Zwei dunkelbraune Ge=
schöpfe, Bergamasker Herkunft, waren die Hirten: das
Mädchen fast als Knabe gekleidet. Links Felshänge und
Schneefelder über breiten Waldgürteln, rechts zwei un=
geheure beeiste Zacken, hoch über mir, im Schleier des
Sonnenduftes schwimmend — alles groß, still und hell.
Die gesamte Schönheit wirkte zum Schaudern und zur
stummen Anbetung des Augenblicks in ihrer Offen=
barung; unwillkürlich, als ob es nichts Natürlicheres
gäbe, stellte man sich in diese reine scharfe Lichtwelt
(die gar nichts Sehnendes, Erwartendes, Vor= und
Zurückblickendes hatte) griechische Heroen hinein; man
mußte wie Poussin und sein Schüler empfinden: he=
roisch zugleich und idyllisch. — Und so haben einzelne
Menschen auch ge l e b t, so sich dauernd in der Welt und
die Welt in sich ge f ü h l t, und unter ihnen einer der
größten Menschen, der Erfinder einer heroisch idylli=
schen Art zu philosophieren: Epikur.“ In diesem
Spruche legt Nietzsche zum erstenmal das neue Licht
über die Welt, jene Lichthaut, die sich dem Sehenden
still schimmernd über alle Dinge zieht. Im oberen En=

gabin fiel es ihm wie Schuppen von den Augen. Dort
hat der selige Aufstieg begonnen, der dann in Genua,
mit dem „Sanctus Januarius" einen ersten zara=
thustrischen Gipfel erreicht. „Der Engadin hat mich
dem Leben wiedergegeben," bekannte er dankbar. Aber
bald folgte wieder ein Wellental, sein tiefstes — aus
dem er sich nicht mehr zu erheben meinte, — der Win=
ter 1879—80 in Naumburg, „der sonnenärmste mei=
nes Lebens — dies war mein Minimum, der niedrigste
Punkt meiner Vitalität".

Wieder war es im übernächsten Sommer jenes bünd=
nerische Hochplateau, was ihm einen Hochstand seines
Lebensgefühls bescherte. Er schlug nun seinen Wohnsitz
in Sils=Maria auf, das für die Folge seine bevorzugte
Sommerresidenz werden sollte. An Peter Gast schreibt
er: „Die Augustsonne ist über uns, das Jahr läuft
davon, es wird stiller und friedlicher auf Bergen und
in den Wäldern. An meinem Horizonte sind Gedanken
aufgestiegen, dergleichen ich noch nicht gesehen habe, —
davon will ich nichts verlauten lassen und mich selber
in einer unerschütterlichen Ruhe erhalten... Das ist
keine Schweiz, kein Recoaro, etwas ganz anderes, je=
denfalls etwas viel Südlicheres, — ich müßte schon
nach den Hochebenen von Mexiko am Stillen Ozeane
gehen, um etwas Ähnliches zu finden (z. B. Oaxaca)
und da allerdings mit tropischer Vegetation. Nun, dies
Sils=Maria will ich mir zu erhalten suchen."

Was ist nun mit diesem ersten Silser Sommer über
Nietzsche gekommen? Er, der seine Tage gezählt
glaubte? Was erhob und beschwingte ihn? Wir wissen
es. Damals begannen jene drei geflügelten Begriffe,

die heute im gebildeten Publikum Nietzsches Denkwelt
im Umlauf erhalten: Übermensch, Ewige Wiederkunft,
Wille zur Macht — der Herd zu werden, um den er
seine unübersehbaren Gedanken sammelte. Einzeln und
abgetrennt von diesen Ideenherden lockte uns das Ge=
wimmel der Aphorismen in unvermeidliche Sackgassen,
aus denen ein kopfschüttelnder Rückzug der einzige Aus=
weg bleibt, so fürchtet Nietzsche. Mit solchen Führer=
begriffen glaubt er die Menschen in die Hand zu be=
kommen. Sollen sie nicht länger Herdenmenschen blei=
ben, nun dann muß eben an die Stelle der Leithämmel
der Freie Geist die Zügel in die Hand nehmen. Seinem
herrischen Willen gehorchend wird die Welt dann ihrem
Ziele zufliegen. Damit hat Nietzsche die Psychologie in
ihre dienende Stellung zurückgeschoben — er ist wieder
metaphysisch geworden, aber in Verbindung mit einem
erzieherischen und gesetzgeberischen Willensaufwand.
Das Werk der achtziger Jahre erhält sein Siegel auf=
gebrückt, und die tiefe und glühende Schauung erhält
die Führung wieder, aber zugleich als angewandte Tat,
die in der Zukunft ihre Verwirklichung findet. Es kann
hier nicht näher ausgeführt werden, inwiefern diese
Verschmelzung der Bildempfängnis und des Ausfüh=
rungswillens jeden werkschaffenden Trieb lähmt und
so auch das Verhängnis der Nietzscheschen Philosophie
bildet. Begnügen wir uns mit je einer kurzen Betrach=
tung der drei Formeln.

1. Der Übermensch

In ihm hat der Entwicklungsgedanke sein elastisches
Gefäß gefunden. Sein wohl hochstrebender, jedoch nicht

sehr klarer Inhalt ist weniger persönlich als gattungs=
mäßig aufzufassen als eine Höherzüchtung des Men=
schengeschlechts durch seine triebmäßigen Anlagen, wo=
bei dann die Zerfallsansätze rücksichtslos auszumerzen
wären. Was er hiebei erstrebt, deckt sich zu einem guten
Teile mit den Idealen der modernen Rassenhygiene.
Z. B. hätte er an dem Alkoholverbot Nordamerikas
eine große Genugtuung empfinden müssen, nur daß ihm
die verstandesmäßigen Beweggründe, denen es ent=
springt, zusammen mit der puritanisch asketischen Un=
terströmung die Freude vermutlich wieder vergällt
hätte. Nietzsche war Feind des narkotischen Rausches,
weil dieser dem von ihm verherrlichten physiologischen
Rauschzustande, dem Blut=, Sinnes= und Lebensrausche
Abbruch tat. „Jugend ist Trunkenheit ohne Wein —
wozu, wozu dir Wein?" ruft er dem heranwachsenden
Geschlechte zu. Seine Vision vom Übermenschen erhält
also aus derartigen Tendenzen moderner Zivilisation
ihre sehr greifbare Zufuhr, während die wesentliche
Aufgabe, die Triebentfaltung, eben weil sie sich nicht
befehlen und von keinem Willen gängeln läßt, diffus
verschwimmt.

Noch zwiespältiger erscheint sein symbolischer Eifer
für die zweite Hauptlehre.

2. Die ewige Wiederkunft

Mathematisch nachgeprüft läßt sie sich nicht halten.
Man mag darin ein Dogma sehen, mit dem Nietz=
sche seiner von ihm erstrebten dionysischen Gemein=
schaftsform zu einem begrifflichen Glaubenskern ver=

helfen wollte. Aber der heraklitische Gedanke vom ewi=
gen Fluß und Umlauf des Geschehens wird gelähmt
durch die Festlegung auf den Kreisschluß bestimmter
Weltperioden. Es kommt dadurch ein Gegendruck in
den Welthaspel, auf den es vielleicht gerade abgesehen
ist, um die Spannung zu erhöhen: Scheinbarer Still=
stand aus dem Zusammenprall gleich starker Bewe=
gungen! Nicht unaufhörlich quellendes Leben erhält
damit sein Denkmal, nur die endlos unbelebte Wüste
rechnerischen Sinnens und Grübelns. Die ewige Flucht
der hintereinander herjagenden und sich haschenden Bil=
der, aus denen der Zauber des Lebens sich immer aufs
neue gebiert, fällt dem Frondienst des Beweisens und
Rechthabens anheim. Der Enthusiasmus schrumpft ein
zur ätzenden Spott= und Zweifelsucht. Logos und Eros
stauen sich in der „Ewigen Wiederkunft“. Als meta=
physische Theorie unhaltbar, aber hochgenial, weil auf
das gründlichste durchdacht!

Genauer aufdecken läßt sich Nietzsches unzureichendes
Umfassungsvermögen an seiner dritten Hauptlehre.

3. Der Wille zur Macht

In seiner Kritik Schopenhauers hat Nietzsche darüber
hinweggesehen, daß dieser nicht kategorial unterscheidet
zwischen Wille und Trieb. Deshalb ist er selbst nicht
dagegen gefeit gewesen, in seinem Lebenssystem diese
fundamentale Nachlässigkeit mit unterlaufen zu lassen.
Das ist um so bedauerlicher, als Nietzsche im Einzel=
studium mustergültig — hierin stets der unübertreff=
liche Psychologe — sowohl das eine wie das andere zu
charakterisieren weiß.

Vom Willen sagt Nietzsche aus seinem metaphysischen Wissen heraus: „Ich lache eueres freien Willens und auch euer unfreier Wahn ist mir das, was ihr Willen heißt, es gibt keinen Willen. Aus Schmerzen und Gedanken gebar sich dieser Wahn, den ihr Wille heißt. Und weil kein Wille ist, so ist auch kein Müssen."

... „Wille — das ist eine Annahme, welche mir nichts mehr erklärt. Sobald der Wille auftritt, hat das Gefühl den Eindruck der Befreiung. Das Gefühl ist nämlich leidend — und sobald der Wille auftritt, pausiert es und leidet nicht. Das nennt man Freiheit des Willens. Wollte jemals ein Wille das Nicht-Wollen?"

Vom Triebe sagt Nietzsche: „Will denn ein Trieb, wie ihr lehrt, ,befriedigt' sein? Will er frei von sich selber sein und Frieden haben? Daß er schaffe, das ist aller Triebe Treiben: und wenn er eine Weile schläft, so schläft er sich nur aus, um nachher aufzuwachen."

Nimmt man noch hinzu, was Nietzsche gelegentlich von der Macht sagt, daß sie verdumme, und andere Urteile und Einreihungen, in denen der Begriff der Macht dem des Lebens nur künstlich aufgepappt erscheint, statt einer wirklich zwingenden Übereinstimmung dieser angeblichen philosophischen Hauptpfeiler, so muß man zugeben, wie weit Nietzsche noch von einem fertigen Gefüge entfernt ist, als er sein System bis zum Schluß-stein vollendet glaubte. Als Plan flößt es Hochachtung ein — aber zum fertigen Gebäude fehlt es sogar am Fundament. Denn davon kann nun einmal keine Rede sein, daß Leben gleich Macht sei, wenn denn wirklich die tiefsten Gedanken auf Taubenfüßen kommen und

die meuchelmörderische Bedrohung eben des Lebens
durch alle Zweck= und Zielsetzung und Zukunftsgier
schlagend nachgewiesen zu haben Nietzsches wachsender
Ruhm ist.

Also ein ungeheurer Selbstwiderspruch! Was soll
uns da die Beteurung, Nietzsche habe sich nie wider=
sprochen? Nun, als Denker hat er sich auch wirklich
nicht derart selbst den Weg verlegt und das Wasser ab=
gegraben. Aber was mit seiner unseligen Machtlehre
über seine Philosophie hereinbricht, kommt außerhalb
seines Bewußtseins zu liegen. Ein Verhängnis ist es
— nicht anders, als wenn ein edles Angesicht von einem
flammenden Feuermal entstellt wird!

Hängt das mit der Krankheit zusammen? Vielleicht
ja, so weit es auf krankhafte Ungeduld zurückzufüh=
ren ist. Aber wer will das besagen, und was hätte
solch ein Nachweis für einen Wert? Seine Phantasie
spielte gerne mit den Höhenmaßen des Gebirges, auf
dem er sich befand: „6000 Fuß über Mensch und Zeit!“.
Daher die Ausschreitungen, die er mit dem Wörtchen
„über“ trieb. Er, der Dionysier, gebärdet sich manch=
mal als ein asketischer Prediger der Überwindung wie
nur je ein Fastenmönch. Er kann nicht genug unter sich
bekommen und sagt denn auch einmal: „Wie hoch
ich wohne? Niemals noch zählte ich, wenn ich stieg, die
Treppen bis zu mir; wo alle Treppen aufhören, da
beginnt mein Dach und Fach!“

Wäre also Sils mit seinen 1800 Metern über Meer
ein Symbol für Nietzsches geistigen Höhenwahn? Wer,
der Nietzsche kennt, wird ein solches liebloses und trü=
gerisches Urteil zulassen? Wenn auch das Gerüst des

82

Syſtems ſich nicht zu überzeugendem Leben zu erheben
vermag — Leben regt ſich auch im kürzeſten Spruche,
den er aus Mund oder Feder entließ. Darum es, beim
Umfang ſeines Werks, auf Zeit und Ewigkeit unmöglich
iſt, über Nietzſche wegzuſchreiten.

Aber, ſo wird man fragen, hat denn, da Nietzſche
ſelbſt über die irreführende Tragweite ſeiner Macht=
lehre und über ihre unrechtmäßige Uſurpatorenſtellung
innerhalb ſeines Syſtems in einer vollkommenen Täu=
ſchung befangen war, nicht inzwiſchen die ſehr ausge=
dehnte, ernſthafte Nietzſcheforſchung für die notwendige
Korrektur geſorgt? Welche Leitgedanken haben denn an
die Stelle des „Willens zur Macht“ zu treten?

4. Liebe und Geiſt

Die bis jetzt wichtigſte Nachwirkung Nietzſches auf
das europäiſche und beſonders das deutſche Geſin=
nungsleben iſt die ſchlagende Formel: die Welt be=
ſteht aus Eros und aus Logos. Kennzeichnender=
weiſe hat er ſelbſt ſtets dieſe knappſte Bezeichnung ſei=
ner Lehre umſegelt und ſie niemals auf die Lippen
oder in die Feder genommen. Seine Verlegenheit ging
ſo weit, daß er unbewußt der Ära Bismarcks ſeinen
Tribut zollte und auf ſeine verhängnisvolle Macht=
verherrlichung verfiel, ſtatt etwa zu ſagen: Leben iſt
die durch den Geiſt verwirrte Liebe — oder etwas
dergleichen, was den Zwieſpalt von Theorie und Ele=
mentargefühl und die Parteinahme des Lebens für das
letztere klar gefaßt hätte. Durch eine ſolche Prägung
hätte er den Ertrag ſeines Forſchens und Denkens auf
kürzeſtem Raume reſtlos geborgen.

Dagegen stellt sich an seinem Schaffen die obige Formel in erstaunlichem Maße dar, durch die Art, wie sie eben dieses Schaffen zeitlich gliedert. Es ist, als hätte Nietzsche sein Werk nicht selber bewußt verfaßt, sondern als sei es aus jenen archilochischen Tiefen heraus, die er in seinem Erstling preist, disponiert worden. Jene zwanzig Jahre 1869—1888 teilen sich nämlich in ihre beiden Jahrzehnte und jedes von diesen zerfällt ungefähr wieder in seine beiden Luftren, so daß ich schon vorschlug, von einer geometrischen Quadratur seines Schaffens zu reden. Das Unzutreffende dieser Benennung liegt freilich darin, daß sie einen Zustand vortäuschen, wo es sich doch darum handelt, einen unaufhaltsamen, nimmer wiederkehrenden einmaligen Ablauf zu kennzeichnen. In dieser Hinsicht kann man sagen: Nietzsches Schaffen besteht aus zwei Flutwellen von je zehnjähriger Dauer mit je einem mittleren Kamm, auf dem der Anstieg in den Abstieg umbricht. Beide Wellen sind vollkommen gleich geartet: der Bergstieg ist metaphysisch bestimmt (so die erste und dritte Periode), der Talfall psychologisch (Periode zwei und vier). Der Unterschied zwischen beiden Schaffenswellen ist, daß das erste Jahrzehnt noch tätig als Schöpferwille verläuft, während Nietzsche im zweiten erleidend sich in seinem Schicksale verklärt. Denn auch im zweiten Jahrzehnt ist die Zarathustrazeit metaphysisch bestimmt und die Umwertungszeit psychologisch. Die beiden Jahrzehnte selber unterscheiden sich gegeneinander so: die siebziger Jahre dienen dem Logos (Erziehungsziele!), die achtziger Jahre dienen dem Eros (Gefühlsbefreiung!). Zarathustra gibt sich

84

als eine erotische Offenbarung außerhalb der Ge=
schlechtssphäre.

Mit dem ersten Silser Sommer also beginnt „Zara=
thustras Untergang". Es ist durchaus kein pathologi=
scher Prozeß, sondern ein tragisches Erlebnis vom höch=
sten seelischen Gehalt, was wir noch kurz zu überblik=
ken haben. Der Versuch, den geschlechtsbefreiten Eros
schriftstellerisch zu gestalten, ergibt zunächst die Zara=
thustrazeit: „Ich bitte und beschwöre euch, meine Brü=
der, bleibet der Erde treu mit der Macht euerer Tugend.
Eure schenkende Liebe und eure Erkenntnis diene dem
Sinn der Erde!" Um dann mit den Umwertungs=
plänen abzuschließen, als deren gedrungensten Auszug
uns die Worte auf dem letzten Blatte der Götzendäm=
merung anmuten: „Wir haben den Begriff ‚Zweck‘
erfunden: in der Realität fehlt der Zweck. Es gibt
nichts außer dem Ganzen!"

IX. Die Spuren Zarathustras
auf Schweizerboden (1882—1884)

Im Jahre 1882 brachen bei Nietzsche heftige Gemüts=
erschütterungen aus, weil ihn seine Freunde und seine
Blutsverwandten enttäuschten. Arger und Mißtrauen
setzten ihm so zu, daß er durch diese ihm ekelhaften
Vorgänge oder Einbildungen der Verzweiflung nahe
war und einen „Pistolenlauf für eine Quelle verhält=
nismäßig angenehmer Gefühle" erklärte. Merkwür=
digerweise war diese schauderhafte Depression, die sich
über ein halbes Jahr hin streckte, das Vorspiel für die
Erschaffung seines großen heroischen Lehrgedichts: „Also

sprach Zarathustra“, dessen Spuren, ehe und während
es entstand, sich freilegen, aber nur für den Anfang
auf Schweizerboden auffinden lassen. In den Liedern
des Prinzen Vogelfrei, die damals entstanden, stoßen
wir auf das Gedicht:

Sils=Maria

Hier saß ich wartend, wartend — doch auf nichts,
Jenseits von Gut und Böse, bald des Lichts

Genießend, bald des Schattens, ganz nur Spiel,
Ganz See, ganz Mittag, ganz Zeit ohne Ziel.

Da plötzlich, Freundin, wurde eins zu zwei —
— Und Zarathustra ging an mir vorbei.

Das heißt in nüchternem Deutsch: „Ich, Friedrich
Nietzsche, sitze als nackter und bloßer Psychologe auf
dem Trockenen und ergebe mich deshalb abermals der
Metaphysik — denn ich bin nicht dazu da, um dem Ni=
hilismus zu verfallen. Darum wird hiemit mein psy=
chologisches Sonder=Ich abgelöst durch das generelle
Ich meines menschlichen Gattungsgefühls.“

Hochwichtig — dieser Sprung ins Doppel: dieses
„Eins zu Zwei“ ist eben keineswegs nur ein witziger
Einfall, noch gar aus Reimzwang, vielmehr ein okkul=
ter Fingerzeig möchte man sagen, um an das zu er=
erinnern, was wir über die Duplizität der Nietzschschen
Lehre vom Menschen erwähnten. Psychologisch erhellt
das sein tiefsinniger Satz: „Ich und Mich sind immer
zwei verschiedene Personen.“ Nämlich: das Ich=Indivi=
duum und das Ich=Genus! — Den Visionsmoment
selbst hat er später noch so erzählt: „Ich ging an jenem

86

Tage am See von Silvaplana durch die Wälder; bei einem mächtig aufgetürmten Block unweit Surlei machte ich halt. Da kam mir dieser Gedanke." Gemeint ist angeblich: die „Ewige Wiederkunft" — aber wir dürfen es wohl dahin verallgemeinern, daß nach dem psychologischen Stadium des „Selbstdenker-Selbsthenker" nun das dogmatische Bedürfnis wieder nach seinem Rechte verlangte. Und wie das Symbol „Dionysos" seinen Lebensbegriff, so belegt das Symbol „Zarathustra" die metaphysische Seite seines Denkens.

Und wie steht es mit der Anrede: „Freundin"? Ob ihm eine bestimmte Persönlichkeit vorschwebte, kann auf sich beruhen bleiben. Sicher ist, daß dann bald flüchtige Monate hindurch eine neue Frau neben ihm herging, die er zur Gefährtin nicht seines Lebens, aber seines Denkens ausersah. Es war dies die noch lebende Schriftstellerin Frau Lou Andreas-Salomé in Göttingen, deren Gedicht: „Gebet an das Leben" Nietzsche für Männerchor in Musik gesetzt hat. Am 13. Mai 1882, zu Beginn ihrer Freundschaft, traf er sie in Luzern und besuchte mit ihr Tribschen. „Lange, lange," erzählt sie, „saß er dort schweigend am Seeufer, in schwere Erinnerungen versunken; dann mit dem Stocke im feuchten Sande zeichnend, sprach er mit leiser Stimme von jenen vergangenen Zeiten. Und als er aufblickte, da weinte er." Damit war vielleicht bereits der Augenblick, wo sie sich am nächsten traten, vorüber; denn die Pläne, das sehr kluge junge Mädchen zu seiner vertrauten Jüngerin zu erziehen, der er einmal sein Werk hinterlassen könne, zerschlugen sich rasch. „Lou ist bei weitem der klügste Mensch, den ich ken-

nen lernte. Aber ufw. ufw.," ſchreibt er nicht lange
nach dem Bruch an Overbeck. Ein krauſer Knäuel von
Mißverſtändniſſen und Unverſtändnis weit eher als
wirklichen Schimpfes, wie er ſich einredete und mehr
noch einflüſtern ließ, verwickelte ihn in Argwohn und
Unfrieden gegen ſeine Angehörigen, und im darauffol=
genden Zarathuſtraſommer 1883 vermochte ihn auch
eine Zuſammenkunft mit Overbeck in Schuls bei Ta=
raſp nicht zu beſchwichtigen. Von Sils aus ſchreibt er
ihm: „Die Trennung von Dir warf mich in die tiefſte
Melancholie zurück, und die ganze Rückreiſe wurde ich
böſe ſchwarze Empfindungen nicht los ..., ſo daß ich
ſchließlich das Opfer eines ſchonungsloſen Rachegefühls
bin, während gerade meine innerſte Denkweiſe allem
Sich=Rächen und =Strafen abgeſagt hat: — dieſer Kon=
flikt in mir nähert mich Schritt für Schritt dem Irr=
ſinn, das empfinde ich auf das furchtbarſte."

Es hätte für Nietzſche damals vielleicht eine wirkliche
Rettung gegeben vor den Furien der eigenen Bruſt —
nämlich, gleich Fauſt, „zu den Müttern hinabzuſteigen"
und in jener Bachofenſchen Welt des Halbdunkels und
der brütenden Schwangerſchaft — ſonſt bei Nietzſche
das beliebteſte Symbol für das Schaffen! — unterzu=
tauchen. Die Myſtik Zarathuſtras iſt aber nicht die der
griechiſchen Vorwelt, und es fällt in dieſem Zuſammen=
hang auf, daß einzig von allen Basler Bekanntſchaften
Nietzſche die zum Hauſe Bachofen mit den Aphoris=
menbüchern wie abgeriſſen erſcheint — eine Vermu=
tung, die mir noch Bachofens Witwe als tatſächlich zu=
treffend beſtätigt hat. Der Chriſt in Bachofen ſoll
ſich an dem Freidenker in Nietzſche geſtoßen haben. Der

tiefere Grund wird wohl, beiden unbewußt, darin zu
suchen sein, daß die in Bachofen schlummernde Helden-
romantik des Dionysismus den Abfall von Nietzsches pe-
lasgischen Ur-Instinkten zu Intellektualismus und Ver-
nunftprophetie nicht vertrug. Aber im Zarathustra sind
die dionysischen Dämmerungen nicht völlig verblaßt!

Gehen wir diesen echten, romantischen Beständen im
„Zarathustra" etwas nach! Dunkle, nächtliche Töne
durchwirken den feierlichen Weltgesang und hüten ihn
vor der ruchlosen Blechposaune des Optimismus und
eines siegestaumelnden, hemmungslosen Fortschritts.
„Nacht ist's, nun reden lauter alle springenden Brunnen — auch meine Seele ist ein springender Brunnen.
Nacht ist es: nun erst erwachen alle Lieder der Liebenden. Auch meine Seele ist das Lied eines Liebenden. Ein
Ungestilltes, Unstillbares ist in mir — das will laut
werden. Eine Begierde nach Liebe ist in mir — die
redet selber die Sprache der Liebe. Licht bin ich —
ach, daß ich Nacht wäre! Aber dies ist meine Einsamkeit, daß ich von Licht umgürtet bin. Ach, daß ich
dunkel wäre und nächtig — wie wollt' ich an den Brüsten des Lichtes saugen." Sein Tanz- und Spottlied
auf den Geist der Schwere, „meinen allerhöchsten, groß-
mächtigsten Teufel, von dem sie sagen, daß er der Herr
der Welt sei," singt Zarathustra frühestens des Abends
in der Dämmerung — auf einer grauen Wiese, die
von Brunnen und Gebüsch still umstanden war. Und
gar der eigentliche Lustausbruch, das „Trunkene Lied",
erfolgt auf dionysische Art, als mitternächtliche Feier
der gottergriffenen Korybanten — in der kühlen, nach-
denklichen Nachtwelt, mit dem großen, runden, träch-

tigen Monde und den silbernen Wasserstürzen vor der
Höhle: „Kommt, kommt — kommt — laßt uns jetzo
wandeln — es ist die Stunde — laßt uns in die tiefe
Nacht wandeln —

O Mensch, gib acht —
So spricht die tiefe Mitternacht.
Ich schlief, ich schlief —
Aus tiefem Traum bin ich erwacht: —
Die Welt ist tief,
Und tiefer als der Tag gedacht.
Tief ist ihr Weh —,
Lust tiefer noch als Herzeleid —
Weh spricht: Vergeh —
Doch alle Lust will Ewigkeit —,
— will tiefe, tiefe Ewigkeit.

Und wenn gleich des Morgens nach dieser Nacht Zarathustra von seinem Lager aufsprang, seine Lenden gür-
tet und heraustritt aus seiner Höhle, glühend und stark
wie eine Morgensonne, die aus dunkeln Bergen kommt,
wenn er dann ergriffen ausruft: „Das Zeichen kommt
— meine Kinder sind nah — meine Kinder — mein
Tag hebt an — nun herauf, du großer Mittag —“ er
bleibt trotz alledem der Sohn der deutschen Heideroman-
tik, der gewaltige Nachtwandler, der taumelnde Träu-
mer, der im Zwielicht dahinwandelt.

Aber er tut es auf literarische Weise, mit berechnen-
der Wortkunst, vor der an eine Wagnersche Szenerie
gemahnenden Staffage. Dieser Eingang zur Höhle
mutet theatralisch an. Draußen bleiben wir eben doch.
In die Höhle selbst werden wir nicht geführt — in diese
Topasgrotte mit den bräunlich sickernden Licht, wo man

90

eben noch die Hand vor den Augen sieht, dort ist die
Wiege und die Küche des Lebens — dort webt der weib=
lich betonte, urmütterliche Dionysismus, wie ihn Bach=
ofens Forscherglück scheu, mit einem Schauer der Ehr=
furcht für einen Augenblick wissenschaftlich bloßlegte.
In diesem Sinne sagen wir: Nietzsche hat „die Mut=
ter", die All= und Urmutter nicht gefunden! Er hat da=
für die auf Drähte gezogene Kostümpuppe seines alt=
persischen Propheten religionskämpferisch gegen das Chri=
stentum aufgedreht und abgelassen. „Seit Voltaire,"
schreibt er an Overbeck in dem oben erwähnten Briefe,
„gab es kein solches Attentat gegen das Christentum
— und, die Wahrheit zu sagen, auch Voltaire hatte
keine Ahnung davon, daß man es so angreifen könne."
Also — ein Täter und Attentäter soll Zarathustra sein?
Wäre nicht besser seine Sendung gewesen, den Gekreu=
zigten von Golgatha, den er beißend verspottet, brü=
derlich hinzuführen in die eleusinischen Gefilde, auf die
Asphodeloswiese der Demeter und Kore? Statt dessen
feiert er das „Eselsfest" und persiffliert das „Abend=
mahl" auf blasphemische Weise!

Diese hier klargelegte Erwägung bezweckt nicht eine
Kritik von „Also sprach Zarathustra", wohl aber eine
Kritik seiner „vielen allzuvielen" Leser. Sagte mir doch
noch kürzlich ein angesehener Schweizer Schriftsteller:
„Zarathustra sei nur ein Wortgeklingel, aber aller=
dings ein prachtvolles!" Das ist eine frevelhaft ober=
flächliche Rede. Nietzsche ist insofern nicht unschuldig,
als er eben in seinem gewaltigen Ringkampf zwischen
Instinkt und Vernunft schwach wurde und den Intellekt
in sich, vor dem er doch warnt wie keiner, die Oberhand

gewinnen ließ. Er wollte doch gehört werden! Er
wollte, um der Sache willen, Erfolg haben! So ent=
stand der witzige, geistreiche, pathetische, orakelnde, auf
Stelzen tanzende Schalksnarr Zarathustra — dessen
Rettung vor der Ewigkeit es immerhin ist, daß er über
seine weltbewegende Klugheit und sein grimmiges
Spottgelächter den Kopf schüttelt und davon enttäuscht
ist! Oder ist sein tiefer Seufzer wirklich nur ein Wort=
geklingel: „Licht bin ich. O daß ich Nacht wäre!" Hat
es denn nicht seinen ungeheuer tiefen Sinn, wenn er
klagt: „Ach, daß ich dunkel wäre und nächtig!" Was
heißt das denn anders als: noch zu viel Logos — noch
zu wenig Eros! Wenn ich, der Zarathustra, ich, der
metaphysisch gerichtete Menschenfreund, mehr Eros
hätte, nämlich unmittelbarer aus dem Instinktbehälter
des Unterbewußtseins heraus erlebte, so könnte ich ja
noch ganz anders „an den Brüsten des Lichtes saugen"
— will sagen: dann erst könnte ich die neuen Werte
wirklich aus dem Vollen schaffen. „Aber dies ist meine
Einsamkeit, daß ich mit Licht umgürtet bin": will des
weiteren sagen: in mir, Nietzsche, überwiegt noch Ver=
stand und vernünftiges Wissen — ich bin selbst noch
zu sehr Sokrates und Dekadent — und leide unter der
Entartung meiner Instinkte. Fürwahr ein ergreifendes
Wort beispielloser Selbsterkenntnis!

X. Der Zürcher Herbst (1884)

Auch sein Lobpreis auf die Einsamkeit muß nicht ohne Vorbehalt aufgenommen werden. Bei allem Verständnis für das Leiden seiner Abgeschiedenheit und Vereinsamung spricht es Overbeck doch einmal deutlich aus, so einsam, wie Nietzsche es sich und andern einredete, sei er gar nicht gewesen. Er hat z. B. nie ganz aufgehört, der Mittelpunkt berühmter Freundschaften zu sein, mochten sich diese auch nur auf wenige Tage erstrecken. Sehr bezeichnend hiefür ist der Besuch des Hallenser Philosophen Heinrich von Stein in Sils Maria im Sommer 1884. Man höre Nietzsches Bericht darüber: „Das Erlebnis des Sommers war der Besuch Baron Steins (er kam direkt aus Deutschland für drei Tage nach Sils und reiste direkt wieder zu seinem Vater — eine Manier, in einen Besuch Akzent zu legen, der mir imponiert hat). Das ist ein prachtvolles Stück Mensch und Mann und mir wegen seiner heroischen Grundstimmung durch und durch verständlich und sympathisch. Endlich, endlich ein neuer Mensch, der zu mir gehört und instinktiv vor mir Ehrfurcht hat! Zwar einstweilen noch trop wagnerisé, aber durch die rationale Zucht, die er in der Nähe Dührings erhalten hat, doch zu sehr zu mir vorbereitet! In seiner Nähe fand ich fortwährend auf das Schärfste, welche praktische Aufgabe zu meiner Lebensaufgabe gehört, wenn ich nur erst genug jüngere Menschen einer ganz bestimmten Qualität besitze!“ Nur blieb eben diese begeisterte Begegnung, wie auch später noch einige weniger wesent-

liche (mit Lanßky, Adams u. a.) ohne jede Folge. Aber
wie kannte er sie doch!

O Lebensmittag — zweite Jugendzeit — o Sommergarten!
Unruhig Glück im Stehn und Spähn und Warten!
Der Freunde harr' ich, Tag und Nacht bereit,
Der neuen Freunde! Kommt — 's ist Zeit, 's ist Zeit!
Dies Lied ist aus — der Sehnsucht süßer Schrei
Erstarb im Munde.

So blies sich der Einsiedler seine Seifenblasen und
sah zu, wie sie zersprangen. Praktische Aufgaben? Hat
ein Einsiedler solche? Will er wirken? Hat er nicht
den Willen verabschiedet? Ist er nicht in die Wüste ge=
gangen, um ganz und gar untätig seinen Schauungen
und Eingebungen zu leben? In diesem Sinne hat
Nietzsche die Einsamkeit einfach nicht auszuhalten ver=
mocht. Ein ungeduldiger Einsiedler — gibt es das?
Kommen da nicht Geduld wie Einsamkeit zu kurz?
Seine nicht zu bezähmende Ungeduld hat Nietzsche um
den Segen der Einsamkeit gebracht.

So empfindet man denn beinahe eine gewisse Erleich=
terung, ihn, wenn auch nur auf kurze Zeit, unter Men=
schen zu sehen. Wie gut ihm das bekam, wenn er an
ihm sympathische Menschen geriet und es nicht zu lange
währte, zeigt sein Oktoberaufenthalt in Zürich, über
den er schreibt: „Im Grunde bin ich herzlich zufrie=
den, hierher gekommen zu sein — endlich gab es wie=
der einmal ein Aufatmen von dem ungeheuren Drucke
meiner Aufgabe, und folglich ein neues Kräftesammeln:
so daß ich entschlossener als je diesmal an den Winter
herangehe. Ich hatte viel hier zu tun und durch=
zusetzen, namentlich als ich begriff, daß es vorderhand

notwendig sei, Herrn Peter Gast hier einzurichten, in
der Nähe eines guten Orchesters... Seine Ouvertüre
klingt über Erwarten prachtvoll. Er wohnt artig und
geräumig hierselbst im kleinen Sonnenhof (wo auch
die treffliche Druscowicz mit ihrer Mutter lebt), und
ißt zusammen zu seiner Erheiterung mit Studentinnen
und dergleichen, darunter Fräulein Willdenow, die mich
den Sommer im Engadin besucht hat. Hegar äußerst
entgegenkommend, ebenso Freund. Auch gegen Gott=
fried Keller fühle ich mich sehr verpflichtet... Das
Erquicklichste in diesem Herbste war mir der Eindruck
meiner Schwester, sie hat sich die Erlebnisse dieser
Jahre tüchtig hinter die Ohren geschrieben und, was ich
an jedem Menschen besonders ehre, ohne alle Rankünen.
So die alte Herzlichkeit wiederzufinden hatte ich nicht
erwartet und vielleicht nicht einmal verdient."

Jedenfalls war Nietzsche damals „umgeben", wäh=
rend er drei Jahre später in derselben „Pension Nep=
tun" längere Zeit in völligem Inkognito zubrachte.
Und wenn er geradezu rühmt, er habe sich — durch
gesellschaftliche Anregung — Kräfte gesammelt, so miß=
traut man wieder seiner Bestimmung für die Einsam=
keit. Es tat ihm wohl, von tüchtigen und bedeutenden
Menschen Hochachtung zu empfangen. Gottfried Keller
hieß das Geschwisterpaar in seiner Wohnung am Zelt=
weg freundlich willkommen. Die beiden führenden Mu=
siker der Stadt, Komponist und Kapellmeister Friedrich
Hegar und der Pianist Robert Freund, bewiesen ihm
jedes Entgegenkommen bei seinen väterlichen Bemühun=
gen um Anerkennung für seinen lieben thüringer „Ma=
ëstro Peter Gast" Eine Anzahl junger, modern ge=

richteter Studentinnen, das bündnerische Freifräulein
Meta von Salis Marschlins und deren in Zürich sich
aufhaltende ausländische Kammerabinnen, so Fräulein
Willdenow, die noch heute daselbst als Ärztin prakti-
ziert, ferner Resa von Schirnhofer und Helene Druscowicz ahnten den mächtigen Geist, dessen persönlicher
Träger ihnen durch einen frohen Zufall für ein paar
Wochen nahegerückt war. „Dein Zürcher Kreis!"
schreibt später einmal im Hinblick auf diese jungen frei-
gerichteten Damen Overbeck an Nietzsche — und mit
Recht, denn jede von ihnen hat später jenen Eindruck
gepflegt und hochgehalten.

XI. Der Kurgast von Hotel Alpenrose

Der Gastwirt und Gemeindeammann von Sils-Maria,
J. E. Durisch, nach dessen Gemsjagden Nietzsche einmal
einen Brief datiert, bewahrte jahrelang die kleine Tisch-
decke, auf der „Also sprach Zarathustra" niedergeschrie-
ben worden sein soll, was auch für einzelne Partien
wohl stimmen kann. Er hatte nun Sommer für Sommer seinen berühmten Kurgast, dem die fremden Touri-
sten nachfragten und um dessen Gunst und Tischnach-
barschaft sich die Pensionäre, namentlich die weiblichen,
rissen. „Ich vertrage eigentlich nur noch die ganz
Fremden und Zufälligen und, anderseits, die von alters-
her und aus der Kindheit mir Zugehörigen. Alles
andre ist abgebröckelt oder auch abgestoßen worden,"
schreibt er 1887 an den wiedergefundenen Schulfreund
v. Gersdorff.

Ein Schneetreiben mitten im Hochsommer 1888, seinem

96

letzten, veranlaßt ihn zu einem Seitenblick auf den Dorf=
pfarrer: „Ist es ein Wunder, wenn selbst der Pfar=
rer hier sich das Fluchen angewöhnt? Er stockt jetzt
mitunter in der Unterhaltung; dann würgt er immer
einen Fluch hinunter. Neulich beim Herauskommen
aus der eingeschneiten Kirche hat er seinen Hund durch=
geprügelt mit den Worten: ‚Der verfluchte Köter hat
mir die ganze Predigt verteufelt.‘" Einen Monat später
nimmt er des weitern Notiz vom Kirchspiel: „Sils hat
diese Woche drei neue Glocken aufgehängt, ich lobte
heute noch den ausgezeichneten Gießer und Fabrikan=
ten, den ersten der Schweiz. Der Klang ist sehr schön."
Auch interessierte ihn das uralte Gemeinderecht der Sil=
ser, daß Holz, von einer Lawine auf ein Grundstück ge=
worfen, dem betreffenden Landbesitzer zum Eigentum
anfalle — ein Bauer habe für Tausende von Franken
solches Bruchholz verkaufen können. Freilich „unsert"
Nietzsche diese Zustände und Bräuche nicht wie dann in
Turin, wo alles bis zum Hofstaat ihn wesensverwandt
anmutet: „Einer unserer Prinzen, der Vetter des Kö=
nigs."

In Sils die Natur, in Turin die Kultur — und eben
die ehemals so geliebte Hochgebirgslandschaft hatte ihm
in diesem letzten Sommer sehr ungastlich mit trübem
Himmel und Schneegestöber aufgewartet.

1. Nietzsches Silser Verkehr

In den Briefbänden ist auf die letzte Zeit hin von
allerhand Personen die Rede, die zu dem Einsiedler
nach Sils wallfahrteten, wenn er nicht gar von Klaus=
nerinnen, die am Orte selbst wohnten, in verehrender

Anhänglichkeit eingekreist wurde. Unter den derart mit
ihm befreundeten Pensionärinnen der „Alpenrose“ ragt
hervor die alte Exzellenz Mansuroff, Ehrendame des
russischen Hofes, die eine Fuge komponierte. „Denken
Sie doch, eine veritable Schülerin Chopins und voller
Liebe und Bewunderung für diesen ‚ebenso stolzen wie
bescheidenen‘ Menschen! Sils=Maria ist allerersten
Ranges, als Landschaft, und nunmehr auch, wie man
mir sagte, ‚durch den Einsiedler von Sils=Maria!‘“
Die andern ständigen Damen — drei Engländerinnen
— Mutter und Tochter Fynn, und die jüdische Schrift=
stellerin Miß Helen Zimmern, die er sich zur Übersetze=
rin ausersah und die später einen englischen Nietzsche
herausbrachte: „ein Musterexemplar eines Literatur=
weibchens!“ Nietzsche fühlte in dieser letzten Zeit ein ge=
wisses Bedürfnis, sich „offiziell“ zu geben. Seine vor=
nehme Verbindlichkeit erwachte auf die leisesten An=
zeichen, daß man in seiner Umgebung wisse, mit wem
man es zu tun habe.

Eine andere Abtönung brachte das Wiedersehen mit
Basler Bekannten — da fühlte er sich an seine An=
fänge und an natürlichere Zeiten erinnert: „Basel war
diesmal die längste Zeit das dominierende Element in
Sils — .nämlich durch eine Kopfzahl von 36 vertreten.
Die gute Basler Welt zeigte sich gegen mich ganz un=
verändert, sehr herzlich und sehr respektvoll, ganz wie
ich’s nur wünschen konnte. Die Namen La·Roche, Ryhi=
ner, Alioth usw. usw. schwirrten mir anfangs etwas
vor dem Kopf, allmählich stellte sich mein Gedächtnis
wieder ein, namentlich Sally Wischer von ehedem hat
sich prächtig die ganze Zeit über gegen mich bezeigt

(mit ihren Kindern Manfred, Eleonora, Sigismund:
wir haben über die schönen Namen gelacht!). Insglei=
chen die Schwester von Andreas Heusler."

Die dritte Gattung von Sommerfrischlern, die ihm
huldigten, waren deutsche Professoren. Eines Tages
begrüßte ihn ein alter Herr, grauhäuptig, mit seiner
Frau, der in Basel doktoriert hatte. „Seine ersten
Worte waren: ,Oh, wie liebenswürdig haben Sie mich
examiniert, das werde ich nie vergessen.'" Der Leip=
ziger Historiker Maurenbrecher brachte Grüße. „Ins=
gleichen hat sich mir Pflugk=Hartung vorgestellt."

Einen besonderen Reiz gewähren hinterher seine Un=
terhaltungen mit deutschen Universitätstheologen. „In
Sils (welches ein Professoren=Rendezvous wird), hatte
ich Verkehr mit Deinem Kollegen Brieger, welcher
wünschte," schreibt er Overbeck, „Dir durch mich emp=
fohlen zu sein. Er sagte ernsthaft und ohne Koketterie,
die Leipziger hätten sich vergriffen in seiner Wahl —
sie hätten Harnack nehmen müssen."

2. Das theologische Problem

Typische Bedeutung ist dem dreiwöchigen Zusammen=
sein mit dem führenden Berliner Dogmatiker Professor
Kaftan zuzuschreiben. Es fällt in Nietzsches letzte Silser
Tage, Spätherbst 1888. Jener erzählt, sein ehemaliger
Basler Kollege habe den Verkehr mit ihm in jeder Weise
gesucht und ihn vom ersten Anfang an in vertraulicher
Weise geführt. Suchen wir uns ein Bild zu machen,
welche geistigen Mächte sich da gegenübertraten.

In dem damals bereits geschriebenen 191. Absatz vom
„Jenseits" hat Nietzsche überzeugend das theologische

Problem an das sokratische angeschlossen. „Der Glau=
be," sagt der Christ, — „Die Herde!" sagt Nietzsche
angesichts der Tatsache, daß in der Theologie Vernunft
und Instinkt von selbst auf ein Ziel zugehen, auf das
Gute, auf „Gott"! Der Christ ist auf den Kurzschluß
zwischen Vernunft und Instinkt eingestellt, während
Nietzsche mit Vorsicht und Sorgfalt die beiden Leitun=
gen isoliert. Dies ist der methodische Unterschied zwi=
schen den beiden Anschauungen.

Das Jesusbild hat Nietzsche in seinen letzten Schriften
verzerrt, indem er es zu dicht mit heftigen Ausfällen
und Schmähreden vermengte. Eine frühere Schilde=
derung lautete: „Jesus von Nazareth liebte die Bösen,
aber nicht die Guten. Der Anblick von deren morali=
scher Entrüstung brachte selbst ihn zum Fluchen. Über=
all, wo gerichtet wurde, nahm er Partei gegen die Rich=
tenden... Er wollte der Vernichter der Moral sein."
Diese Worte enthalten eine Auffassung, die Jesus durch=
aus auf die Seite des Unmittelbaren hinüberrücken
muß und ihn noch nicht zu einer buddhistischen Dublette
macht. Durch die scharfe Scheidung von Paulus hat
Nietzsche jedenfalls das, was er das „Personalproblem
Jesus" nennt, scharf umrissen. Es kann nicht ausblei=
ben, daß die fortschreitende Religionswissenschaft dem
sachlichen Kerne an seinen Bemerkungen zum Urchristen=
tum volle Gerechtigkeit widerfahren läßt.

Eines insbesondere erscheint in dem höflichen, von
gegenseitiger Achtung und Anstand geleiteten Silser
Gespräch zwischen Kaftan und Nietzsche vorgebildet:
daß der Metaphysiker=Psychologe den Theologen freund=
lich aufsuchte, die nötige Einsicht für Rede und Ant=

wort mitbrachte und dadurch gewiſſermaßen die kirch=
liche Lebenseinrichtung als eigenen Zirkel zugleich un=
angetaſtet ließ und doch einem weiteren Umkreiſe ein=
verleibte. Mag die Kirche ihren Bogen ſchlagen, die
Kultur ſchlägt den höhern, der dieſen überwölbt, aber
auch — ſchützt! Es iſt ganz unangebracht, den Dogma=
tiker zu belächeln, der, wie Kaftan, die Beſchäftigung
mit Nietzſche als beſte Erziehung zur Theologie erklärt.
Kaftan glaubte, er habe Nietzſche nicht ernſt genom=
men. Trotzdem er ſich empfangend mit ihm einließ!
Ein religiöſes Genie, das auf ſteinigem Boden hinwelkt,
ſtatt an Lebensbächen Wurzel zu ſchlagen, ſo kam ihm
Nietzſche vor. Ein echter Metaphyſiker wird von einer
Kirche nie ertragen werden. Er kann dies gelaſſen hin=
nehmen im Gefühl, dieſe gegen ihr Wiſſen und ihren
Willen zu beeinfluſſen.

3. Das Kulturproblem

Eine unabſehbare Maſſe von Vorarbeiten häufte ſich
auf für ein großes Hauptwerk, das den lyriſch=metaphy=
ſiſchen Zarathuſtra abhandelnd, oder wie er ſagte, gloſ=
ſierend ergänzen ſollte. Es ſollte den Titel führen:
„Umwertung aller Werte.“ Dieſer ſich türmende Ge=
dankenſtoß wurde nun in einer Anzahl Schriften abge=
baut. Die letzten ziehen ihrer ſtarken Akzente wegen die
Aufmerkſamkeit zurzeit mehr auf ſich als jenes erſte
Buch der vierten Periode, das teilweiſe in Sils ent=
ſtanden iſt.

„Jenſeits von Gut und Böſe“ vereinigt inſofern auch
ein beſonderes ſchweizeriſches Intereſſe auf ſich, als im
„Bund“, nach einer deutſchen Voranzeige von Dr. Hein=

rich Welti von Aarburg, die auffehenerregende Kritik
J. V. Widmanns erschien und später am selben Orte
eine Sammelbesprechung aus der Feder von Carl Spit=
teler Nietzsches bisheriges Schaffen überblickte — also
drei Anzeigen aus schweizerischer Feder zu einer Zeit,
da Nietzsche noch so ziemlich in der ganzen Öffentlichkeit
totgeschwiegen wurde. Widmann hat dann später unter
dem Titel des Nietzscheschen Buches ein Thesenstück
über das Deutsche Theater in Berlin gehen lassen. Sein
Argwohn, seine Warnung: „Ein gefährliches Buch
— hier liegt Dynamit!" haben aber auf Nietzsche auf=
merksam gemacht.

Von den sieben oder acht letzten Schriften läßt sich
einheitlich sagen, daß sie das Kulturproblem mit un=
erhörter Kühnheit und Freiheit anpacken. Beide mit
der zentralen Bestimmung, das Maß der Triebe zu einer
unendlichen Gefühlsbefreiung auszuweiten. Zwei große
Gedanken werden gegeneinander ins Feld geführt: der
eine heißt die Rangordnung, der andere die Herden=
moral. Zwar erweist sich auch hier die leidige Macht=
theorie als ein wahrer Schnürleib, der den sozialen
Aufriß unnatürlich preßt und zwischen den Extremen
der Herren und Sklaven die überleitende Mittelschicht
völlig ausschaltet. Denkt man aber, daß Nietzsche am
Ende seiner ersten Schaffenshälfte zu einer bejahenden
Auffassung des Sokratismus gelangt war, was gleich=
bedeutend war mit einem Eintreten auf das Problem
der Demokratie, so wird man versucht, in seinem Sinne
eine gesellschaftliche Dreistufung anzunehmen, allwo das
Pathos durch einen Adel, das Recht durch ein Bürgertum
und das Nach= und Rachegefühl durch ein Arbeitervolk

102

vertreten wird. Hiezu tritt nun der Ausblick auf eine Höherzüchtung — ein Zukunftsplan, an dessen fernem Rande träumend der Übermensch wandelt. Es meldet sich noch einmal der von Nietzsche immer schon hochgehaltene Entwicklungsgedanke, nun in physiologischer, rassenhygienischer Ausprägung. Und die blonde Bestie mit der blassen Haut und den blauen Augen soll uns zwar tüchtig fürchten machen, und doch birgt und umkleidet sie nur seine früheste Überzeugung von der Lebensgewalt des Blutes. Nietzsche ist sich wirklich trotz aller Steigerung seiner Darstellungsmittel gleich und treu geblieben. „Der Philosoph," sagt er, „hat kein Auge für das, was war und was wird — man sieht nur das Seiende — da es aber nichts Seiendes gibt, so bleibt dem Philosophen das Imaginäre aufgespart als seine Welt. Sein und Schein! Der Frage nach der Gewißheit wird damit nicht ausgewichen, sie muß aber zurückstehen hinter der Frage nach dem Werte. Wahrheit ist die Art von Irrtum, ohne welche eine bestimmte Art von lebendigen Wesen nicht leben könnte. Der Wert für das Leben entscheidet zuletzt."

4. Die Schranken von Nietzsches Größe

Nietzsches Ruhm wird von zwei Seiten in Frage gestellt — denselben, die er in sich trug: von der Weltfreude und vom erkennenden Geist. Der ästhetische Vorbehalt geht von den Dichtern aus, die finden, sein Dionysismus versage infolge der Lebensdürftigkeit des Verkündigers. Nietzsche wird als ein Schund-Dionysier bemittleibet. Nichts vom Überschwang und der triefenden Lebensfülle, die man bei dem Umwerter zu suchen sich

berechtigt glaubt. Ein kränklicher, grübelnder, im
Grunde zaghafter Professor im Ruhestand. Man sieht
an einer solchen absprechenden Einschätzung, wie ver=
kehrt es ist, sich Nietzsche von seinem lyrischen Ranken=
werk her mit anakreontischen Erwartungen zu nähern.
Der Suchenden wartet die sichere Enttäuschung und
Nietzsche geschieht bitteres Unrecht. Denn sein beispielloses
Gut, die ungeheure Glut des Schauens, wird dabei völ=
lig mißachtet. Nicht ebenso verkannt wird heute Nietz=
sche von den Gelehrten. Man sieht in seinem Werk nun
doch nicht mehr nur den ausgeschütteten Zettelkasten
— der innere Ansatz zum System wird erkannt und an=
erkannt. Aber Nietzsche selbst spricht ja von den „skep=
tischen Antiwirklichen und Erkenntnismikroskopikern von
heute", von der „Jahrmarktsbuntheit und Lappenhaf=
tigkeit aller dieser Wirklichkeitsphilosophaster", an de=
nen nichts neu und echt ist als diese Buntheit. Wie
sollte da so leicht auf ein Sich=Finden zu rechnen sein!
Für Nietzsches metaphysische Gewißheiten wird die Uni=
versitätswelt, als Sitz der theoretischen Menschen, wahr=
scheinlich zuletzt empfängliche Hörer stellen. Es ist schon
viel gewonnen, im Vergleich zu der Zeit seines gleich=
zeitigen Schaffens, daß heute unter seinen Kollegen, den
deutsch lehrenden Professoren, von der Unerschrockenheit
und klaren Entschiedenheit seiner Welteinstellung auf
das intellektuale Gewissen, wenigstens die besonders
Begabten und Redlichen betroffen zu sein bekennen.

Zusehends liegt nun die Bahn für das wirkliche Ver=
ständnis frei. Wir können auch zum Schlusse nur
die stets wiederholten kurzen Leitlinien nachziehen. Nietz=
sche baut eine biozentrische Welterklärung auf über der

scharferfaßten Duplizität von Trieb und Vernunft, die
er nicht zum völligen Dualismus erweitert, aber als
dualistische Disposition niemals außer acht läßt. Der
Maßstab zu einer Abmessung des Lebens liegt vor in
der Möglichkeit der Bewertung: es kommt an auf die
Qualitäten und auf das Vermögen, sie abzuwägen.
Dieser Wert aller Werte und geheimnisvolle Quell
aller Qualität ist das Leben selbst. Es tritt uns nahe
als Bild und durch unsre Sinne. Diese Auffassung
durchdringt zentral und einigend das ganze, sonst wild
auseinanderstrebende Denken Nietzsches.

Nietzsche zu widerlegen ist oft versucht worden und
nie gelungen, weil es nicht möglich ist. Aber überwun=
den werden kann er und wird er, wenn erst noch ent=
schlossener und tiefer in die metaphysischen Untergründe
hinabgegriffen wird als seiner Hitze und Ungeduld be=
schieden war. In der Genealogie der Moral steht der
Satz: „Ein Geist, der seiner selbst gewiß ist, redet
leise — er sucht die Verborgenheit, er läßt auf sich
warten. Sein ‚mütterlicher‘ Instinkt, die geheime Liebe
zu dem, was in ihm wächst, weist ihn auf Lagen hin,
wo man es ihm abnimmt, an sich zu denken. In glei=
chem Sinne, wie der Instinkt der Mutter im Weibe die
abhängige Lage des Weibes überhaupt bisher festge=
halten hat.“

Soll der Versuch, über Nietzsche hinaus philosophisch
fortzuschreiten, glücken, so wird das wohl nur in der
Richtung der eben erwähnten mütterlichen Instinkte und
geheimen Liebe zu erwarten stehn. Und zwar gleich=
verlaufend auf einem selbständigen metaphysischen
Strang neben dem altausgetretenen theologischen Gleis

her. Die Religion, die uns umgibt, sucht den Vater.
Eine neue Lebenswissenschaft wird die Mutter suchen —
die Ur= und Allmutter.

XII. Die Hadesfahrt

„Auch ich bin in der Unterwelt gewesen, wie Odys=
seus, und werde es noch öfter sein; und nicht nur Ham=
mel habe ich geopfert, um mit einigen Toten reden zu
können, sondern des eigenen Blutes nicht geschont. Mö=
gen die Lebenden es mir verzeihen, wenn sie mir mit=
unter wie die Schatten vorkommen ... Auf die ewige
Lebendigkeit kommt es an." Zehn Jahre nach der Nie=
derschrift dieser Wahrsagung erfüllte sie sich an ihm.
Zu Neujahr 1889 zersprang der zu straff gespannte Bo=
gen. Aus der Oberwelt kam sein treuester Freund aus
dem alten Basel nach Turin geeilt und streckte ihm
die Hände zur Hilfe hin.

Als sie durch den Gotthard fuhren, sang Nietzsche
auf eine seltsame Melodie sein venezianisches Gondel=
lied, das Overbeck ganz unbekannt war:

An der Brücke stand
Jüngst ich in brauner Nacht.
Fernher kam Gesang:
Goldner Tropfen quoll's
Über die zitternde Fläche weg.
Gondeln, Lichter, Musik —
Trunken schwamm's in die Dämmrung hinaus...
Meine Seele, ein Saitenspiel,
Sang sich, unsichtbar berührt,
Heimlich ein Gondellied dazu,
Zitternd vor bunter Seligkeit.
Hörte jemand ihr zu?

In Basel wie schon in Turin nahm er das Gewim=
mel der Reisenden auf dem Bahnsteig für Empfänge,
die zu seinen Ehren veranstaltet worden seien. Mit er=
starrtem Gesicht, die Menge verachtend, durchschritt er
sie ...

Zwei Tage später verließ er auf immer die Stätte
seines einstigen Wirkens. Ihn begleitete ein junger
Schweizer Arzt, Sohn eines früheren Kollegen, ein
heimlicher, verschwiegener Adept seiner letzten Schrif=
ten, erfüllt von verhaltener wilder Verehrung für den
dämonischen Verkünder der Umwertung aller Werte,
den Schöpfer des „Jenseits von Gut und Böse" ...

Doch nahm ihn in Jena noch einmal Schweizer und
Basler Boden auf — exterritorial wie auf einer Ge=
sandtschaft: das Haus seiner Freunde, Herr und Frau
Professor Gelzer=Thurneysen. Dort kam nun Nietzsche
öfters hin mit seiner Mutter, seiner leiblichen Mutter,
die ihn fand, nachdem er den Weg seiner Griechen nicht
zu Ende gegangen war und der chthonischen Urmutter
nicht als Schauender und Erlöster in den Schoß sank.

Aber sank er ihr nun nicht doch in den Schoß? Ein
Augenzeuge, ein Basler, damals Jenenser Student und
Hausgast bei seinen Verwandten Gelzer erzählt mir:
„Wenn Frau Pastor Nietzsche Gelzers einen Besuch
machen wollte, brachte sie gewöhnlich ihren Sohn mit,
der ihr wie ein Kind nachlief. Um ungestört zu sein,
führte sie ihren Sohn in den Salon, wo er zuerst an
der Türe stehen blieb. Sie ging ans Klavier und spielte
Akkorde, worauf er immer näher trat und zuletzt auch
anfing zu spielen — zunächst stehend, bis die Mutter
ihn auf den Stuhl niederdrückte, wenn ich so sagen

darf. Worauf er stundenlang weiter ‚phantasierte‘.
Drüben wußte Frau Pastor ihren Sohn aufgehoben,
ohne ihn beaufsichtigen zu müssen, solange sie Akkorde
hörte.“

So schließt sich der Ring von Nietzsches Werk: ge=
boren aus dem Geiste der Musik ging nun die Tragödie
unter im Geiste der Musik. Das Persönliche an ihm
schmolz dahin. Es zerbrach Nietzsche als Individuation.
Ein herrlicher metaphysischer Gesang, den seine Leib=
seele bei Lebzeiten umschlossen hatte, gelangte nach ihrer
Auflösung zum Tönen.

Silbern, leicht, ein Fisch,
Schwimmt nun mein Nachen hinaus.

Ende

Die Schweiz
im deutschen Geistesleben

Eine Sammlung von Darstellungen
und Texten, herausgegeben von

Harry Maync (Bern)

Als Ziel dieses Unternehmens schwebt eine Art Enzyklopädie des deutsch-schweizerischen Geistes vor. In einer zwanglosen Folge schmucker und wohlfeiler Bändchen sollen das völkische Wesen und die geschichtliche Leistung der alemannischen Schweiz herausgearbeitet und der bedeutende Anteil aufgezeigt werden, den sie an Kunst und Kultur des ganzen deutschen Sprachgebietes von jeher gehabt hat und fortdauernd nimmt. Dabei werden auch die fruchtbaren Wechselbeziehungen zwischen der Schweiz und Deutschland (Goethe, Heinr. v. Kleist, Richard Wagner, Nietzsche in der Schweiz; G. Keller, Stauffer-Bern in Deutschland) beleuchtet werden. Neben den tieferen historischen Interessen soll den lokalgeschichtlichen Neigungen Rechnung getragen und ferner versucht werden, auch die

vielen vorübergehenden Gäste der Schweiz litera=
risch zu fesseln und dieser dadurch innerlicher zu
verbinden. Denn möglichst weite Kreise der Ge=
bildeten und Bildungsbedürftigen gilt es heran=
zuziehen und anzuregen. Darum sind die Bändchen
zwar von namhaften Fachvertretern (zumeist schwei=
zerischer Nationalität) bearbeitet, aber in gut ge=
meinverständlicher Form ohne viel gelehrtes Bei=
werk gehalten. Der deutsche Herausgeber wirkt seit
nunmehr anderthalb Jahrzehnten als Professor der
deutschen Sprache und Literatur an der Universität
der Bundeshauptstadt und widmet den Zusammen=
hängen zwischen dem gesamtdeutschen Geistesleben
und dem der deutschen Schweiz seine ganz be=
sondere Beachtung.

In erster Linie wird die Literatur Berücksichti=
gung finden. Zusammenfassende Darstellungen und
Auswahlausgaben mit charakterisierenden Einlei=
tungen werden einander ablösen, wertvolle Werke
älterer Zeit ganz oder auszugsweis in Neudrucken
vorgelegt und bedeutsame neue Dichtungen erstmalig
veröffentlicht werden. Neben einzelnen Dichter=
persönlichkeiten (Manuel, Haller, Geßner, Gotthelf,
Keller, Meyer, Spitteler, Federer usw.) sollen

größere Zeiträume (Minnesang, Humanismus,
Literatur der Gegenwart) und einzelne Gattungen
und Richtungen (das schweizerische Drama, das
historische Volkslied, die Mundartdichtung) in
ihrer Entwicklung vorgeführt und des weiteren
Überblicke über die Bedeutung einzelner Literatur=
städte (Basel, Bern, St. Gallen, Zürich) und über
die dichterische Behandlung landschaftlicher Ein=
heiten (der Bodensee, das Berner Oberland, das
Engadin) geboten werden.

Nicht minder liebevolle Beachtung wird sodann
die bildende Kunst erfahren, sowohl in kunst=
geschichtlichen Abrissen, als auch in Bildersamm=
lungen, für die ein größeres Format vorgesehen
ist. Bedeutende Persönlichkeiten (Graff, Böcklin,
Hodler) und große Einzelwerke (Holbeins Toten=
tanz, die Münster von Bern und Basel) erhalten
Sonderdarstellungen; daneben ist die Sammelvor=
führung von Gemäldegruppen, von historisch wert=
vollen Profanbauten, Toren, Brunnen, Brücken,
von Volkstrachten u. dgl. geplant.

Reiche Ausbeute verbürgen Geschichte und
Kulturgeschichte. Auch auf diesem Gebiete sollen
teils ganze Zeitalter (Urgeschichte, Pfahlbau; Re=

formation, Helvetik), teils einzelne hervorragende
Ereignisse und Gestalten (Bruder Klaus, Zwingli)
behandelt werden. Dazu kommen Neudrucke wich=
tiger Chroniken (Tschudi) und kritische Würdi=
gungen führender Geschichtsschreiber (Johannes
v. Müller, Jakob Burckhardt). Historische Erschei=
nungen wie das Reisläufertum und große Vertreter
der Kultur= und Geistesgeschichte wie Paracelsus,
Lavater, Pestalozzi sollen bei aller Knappheit der
Behandlung scharf herausgearbeitet werden.

Aus der überaus reichhaltigen, fast unübersch=
baren schweizerischen Volkskunde werden Einzel=
gebiete fest umrissen vorgeführt und insbesondere
auch Sammlungen aus der so üppig blühenden
Volkssage dargeboten werden.

Damit sind nur die Umrisse eines großen Planes
angedeutet, dessen Durchführung mit aller Frei=
heit und unter bereitwilliger Anpassung an frucht=
bare Anregungen und berechtigte Wünsche von
Mitarbeitern und Lesern vor sich gehen soll.

Bern, im Mai 1922

Der Herausgeber

Professor Dr. Harry Maync